职业教育公共基础课改革创新系列教材

演讲与口才

主　编　王晓莉

副主编　邵　敏

参　编　魏　莹　田　源　谭天怡

周越英　孟晓磊　刘　晶

机械工业出版社

本书遵循“以服务为宗旨，以就业为导向”的中等职业教育办学方向，突出针对性和实用性，以应用为目的，以强化口语交际能力为重点，基本能力训练贯穿教学始终。全书共五章，包括绪论、一般社交口语、演讲、论辩、普通话语音及发声控制。

本书可作为中等职业学校基础课教材，也可作为培训教材使用，还可以作为机关、企业等工作人员自学和写作的参考读物。

图书在版编目（CIP）数据

演讲与口才/王晓莉主编．—北京：机械工业出版社，2014.7（2025.8 重印）
职业教育公共基础课改革创新系列教材
ISBN 978-7-111-47712-9

Ⅰ．①演…　Ⅱ．①王…　Ⅲ．①演讲 ②口才学　Ⅳ．①H019

中国版本图书馆 CIP 数据核字（2014）第 189597 号

机械工业出版社（北京市百万庄大街 22 号　邮政编码 100037）
策划编辑：宋　华　　责任编辑：宋　华　孟晓琳
责任校对：刘怡丹　　封面设计：马精明
责任印制：单爱军

北京盛通数码印刷有限公司印刷

2025 年 8 月第 1 版第 14 次印刷
184mm×260mm・8.5 印张・199 千字
标准书号：ISBN 978-7-111-47712-9
定价：27.00 元

电话服务	网络服务
客服电话：010-88361066	机　工　官　网：www.cmpbook.com
010-88379833	机　工　官　博：weibo.com/cmp1952
010-68326294	金　　书　　网：www.golden-book.com
封底无防伪标均为盗版	机工教育服务网：www.cmpedu.com

前　　言

美国著名的人际关系学大师、西方现代人际关系教育奠基人卡耐基认为：“一个人的成功15%靠专业技能，85%却靠口才能力。”对于广大的中等职业学校的学生来说，演讲与口才能力不论是对就业还是将来的发展都尤为重要。

本书遵循“以服务为宗旨，以就业为导向”的中等职业教育办学方向，突出针对性和实用性，基本知识广而不深，以强化口语交际能力为重点，基本能力训练贯穿始终。

为了便于教师在有限的授课学时内讲授，也为了便于学生更好地理解和接受，本书将繁多的内容精简为五章，具体包括：绪论、一般社交口语、演讲、论辩、普通话语音及发声控制。

本书由王晓莉担任主编，并负责全书的统稿工作，由邵敏担任副主编，参加编写的人员有：魏莹、田源、谭天怡、周越英、孟晓磊、刘晶。

由于编者水平有限，书中难免存在疏漏和错误，敬请广大读者批评指正。

编　者

目　　录

第一章
绪　论

现代社会是一个充满挑战和竞争的社会，若想取得一席之地，并且拥有一片属于自己的天空，则无法离开人与人的交往。良好的口才是人际交往的基础，是打开成功大门的钥匙。

纵观古今中外，凡是有修养、有能力、有作为的人，他们的身上都有着一个相同的基本素养——良好的口才。我国古有诸如孔子、孟子、苏秦、张仪等“一言兴邦，一言丧邦”的游说家；今有孙中山、毛泽东、周恩来、鲁迅、闻一多等“三寸之舌强于百万雄师”的政治家、演讲家；其他国家更有马克思、列宁、林肯、拿破仑、丘吉尔、戴高乐等“一人之辩重于九鼎之宝”的建功立业的领袖人物。这些人凭借着一副好口才，引导着世界人民的精神和意志，在举世瞩目、闻名遐迩的同时成就着自己的梦想与事业；在取得卓越功绩的同时，赢得了人们的尊敬与历史的肯定。

在现代社会，拥有好的口才已不是成功人士、企业管理者、领导人员的专利，也是我们普通人立足于社会应该拥有的一项技能和必须具备的素质之一。不善言谈的人不但难以展示其自身的价值和应有的才华，更难以获得别人的尊敬。林肯说：“口才是社会的需要，是事业的需要，一个不会说话的人，无疑是一个失败者。”

当同学们即将毕业之时，也就意味着即将面临择业。现代社会的各行各业，各种工作岗位都不同程度地要求员工要具备一定的口头表达能力。现代社会对人们的口头表达能力提出了更高的要求。有些同学现有的口头表达能力，不要说在实际的工作岗位上胜任工作，很可能就连求职面试这一关都过不了。这让我们充分认识到了口才的重要性和进行口才训练的必要性。世界上没有天生的演讲家，好的口才不是与生俱来的，良好的口才取决于个人良好的心理素质、精深的语言技巧和深厚的知识积累。学习本课程，有利于避免社交活动中口语表达的误区和过失，有利于培养和提高我们在日常工作和学习生活中的口语表达能力。

绪论是本书的第一章，是介绍语体知识和学习口语重要意义的奠基性章节，理论性较强。通过本章的学习，我们能够认识到口头语体与书面语体的区别；口头语体的基本特征与类别；口头语体的要求与准则以及学习口头语体的重要意义。本书运用了大量的实例教学，提出了许多新的见解，讲解了很多演讲与口才训练方面切实可行并行之有效的方法。希望通过《演讲与口才》这本书的学习，能为同学们增加一项在社会上立足的技能。

学习目标

1. 了解语体的有关知识。
2. 了解口头语体的基本特征与类别。

3. 掌握口头语体的要求与准则。

4. 能够在日常工作和学习生活中运用口头语体的基本技巧进行人际交往。

第一节 语体知识

语言是人类最重要的交际工具，是为人们在一定的社会交际活动领域服务的。在现实生活中，人们依靠语言进行沟通与交流时，受不同现实环境因素的影响，需选择具有不同特点的语言。这些不同的现实环境包括：交际所涉及的领域不同，如政治、艺术、科学、宗教等；交际的方式不同，如电话沟通、网络沟通、面对面交流、书信沟通等；交际目的不同，外交谈判、洽谈业务、亲情互动等；交际场合不同，如公众场所、私人会馆、亲友聚会等。举个例子，撰写科学短文和写抒情散文的选词用句显然不同。科学论文注重语言的精确、严密、完整，不夸张、不渲染，不追求语言的华丽；而抒情散文注重情感的表达，意在以情动人，深入人心，句式多是描写句、感叹句，一句话中采用排比、拟人、比喻、通感等多种修辞方法。另外在进行外交谈判时，要有理有据，不卑不亢，维护国家利益；而在亲友聚会时，可以轻松随意，热烈畅谈，亲切交流。

正因为有着不同的交际领域和交际目的，不同的交际场合和交际方式，使人们在交际活动中形成许多在运用语言材料和表现手段上具有不同特点的语言表达体系，这种表达体系就是语体。简单地说，语体就是在一定交际环境中，运用与之相适应的具有不同特点的语言形成的体系。

一、语体与文体的区别

第一，文体主要针对静态语言也就是书面语言而言，而语体则包括动态语言和静态语言，也就是口头语言和书面语言。

第二，文体的选择与运用主要考虑需要表达什么内容，而语体的选择与运用主要考虑交际场合、交际目的、交际对象等诸多因素。

第三，一篇文章只能选择一种文体，而语体可以根据现实环境综合选择各种不同语体。

二、语体的分类

根据语言交际的不同环境和不同的语言特点以及交际的基本形式，语体可分为口头语体、书面语体和网络语体三大类。口头语体又可分为谈话语体、演说语体、传媒解说体。书面语体可分为事务语体、科技语体、新闻语体和文艺语体。口头语体我们将在下一节具体讲述，本节先来看看书面语体和网络语体。

1. 书面语体

（1）事务语体。事务语体也称公文语体。用于联系国家机关、社会团体及其他一切行政工作的语言体系。它按不同的应用场合形成若干固定的格式。其特点是措词用语准确、庄重、简练、明了，句法完整、严谨，避免夸张、拟人等形象的描写手法，叙述有条理，论理有逻辑，书写有固定的格式。

（2）科技语体。科技语体是记载科学知识，介绍事物或阐述事理的语言体式。如课文《海洋与生命》就是用科技语体写成的文章。它的特征是语言精确、严整、明晰。

（3）新闻语体。新闻语体是媒介向受众报道新近发生的或者发现的事实，传播具有新闻价值的信息时所使用的语体。它既有语体的共性也有新闻的个性。它的基本特征是客观、精确、简洁。

（4）文艺语体。文艺语体是在文学作品以及记叙文创作过程中，为了实现创作意图所使用的语体。它的特征是语言的形象性和情意性。语言的形象性表现在作者用形象思维对人物、事件、环境所进行的生动刻画上。语言的情意性体现在人与人之间的情感变化上。

2. 网络语体

网络语体是适应网络交际的需要而形成的具有言语特点的体系，是一种介于口语与书面语之间的新兴语体类型。网上交际的快捷性使得交际者经常摆脱语言规则的约束，语言的简洁和变异成了网上交际用语的发展趋势。

第二节　态势语言

在日常言语的交际中，并不仅用口语表达，也常常伴随着体态语言，也就是态势语言。

态势语言也可称为体语，指非词语性的身体符号，是通过目光与面部表情、身体运动与触摸、姿势与外貌，身体间的空间距离等传达思想感情的语言。态势语言往往不被人们重视，大部分人认为只要能说会写就可以准确地表达思想感情了，其实在现实生活中，用口语难以表达的感情，都是可以通过体态语言细致入微地表现出来的。态势语言表达得是否得体，会达到截然不同的效果。有这样一个实例，多年前，美国纽约市市政厅邀请瑞格参加一个集会演说。事前由当地一位不善言辞也不注重体态表情的秘书明威尔作开场白。明威尔的开场语结结巴巴，使听众的反应从一开始就不太强烈。更糟糕的是明威尔看到听众的反应后，开始慌乱起来，他的腿不停地改变姿势，从分立变成交叉，甚至将脚尖微微相对，引起前排妇女的阵阵笑声，这时他又将手抽出来，环抱着，听众又是一阵骚动。结果，这种拙劣的表演把在场听众的兴致全部打消了。等到瑞格上场时，人们已经失去了再继续听下去的兴趣。再举一例，电影表演大师卓别林一生当中出演了无数场无声电影，在这些电影中，他准确、夸张地运用了肢体语言，起到了比口头语体表达更丰富的思想感情与视觉体验，在全世界受到广泛的欢迎。

可见，态势语言在日常交际中起着重要的作用，也具有与口头语言不同的作用。

一、比口语更具有亲和力

一个眼神、一个手势、一个微笑足可以替代一般的言语，甚至有时可以表达出口语表达不准确或不便表达的思想感情。如在求职面试中，主考官称赞你在学校时取得了很多优异的成绩，这时，无论你怎样回答可能都不太合适，如果说“是”，可能显得不谦虚；如果说“不是”，则又显得虚伪；如果说“一般”，“还行”，显得太俗气；而这时如果微微一笑却不说话，倒显得很有风度。

二、比口语表达得更形象

态势语言比口头语体表达得更充分，更细致，更形象，起辅助作用，演讲时为了表现出小孩子向成年人发问，可以做出头向上略扬，眼神中流露出期望回答的情态，就可以直观地让人感觉到大人与小孩之间的高矮的差别和虚心请教的诚意；有人来访时，你正在忙工作，不便接待，而对方却滔滔不绝地闲谈时，你可以用看看手表或坐立不安等肢体语言，来暗示对方自己没有时间接待他。

三、起到强化、辅助信息表达的作用

态势语言可以起到对口头语言表达的思想内容进行强化、辅助、补充说明的作用。交际双方可以通过态势语言感受到对方的反馈信息。例如，当老师在讲课时，会从学生脸上的表情判断出学生是否听懂了老师所讲授的内容，如果学生的脸上出现了困惑不解的神色，说明学生可能没有听懂，这时老师应该及时意会学生传达的信息，作出积极的反应。在演讲时也常见到，当演讲到很重要内容时，演讲者的情绪非常饱满，眼睛直视观众，并不由自主地站起身来，伴随着一定的手势语，其目的就是要吸引观众的注意力，强化所讲内容的重要性。

在语言交际中，有时候态势语言能传达出比口语更真实的信息，一个眼神，一个手势，一个动作，一个微笑，足以表达出言语难以表达的思想感情。

态势语言的类别包括躯体语言、面部表情、衣着打扮等。

1. 躯体语言

躯体语言是指人们身体部位做出的表现某种具体含义的动作符号，也是利用人的身体姿势的变化来传情达意的语言。包括站姿、坐姿、步姿、手势语等。

不同的站姿、坐姿、行姿代表不同的信息传递。

（1）站姿的信息含义。站姿是身体站立起来“说话”的姿势，主要通过肩、腰、腿、脚等动作的变化来传情达意。当人充满自信时，肩部自然舒展，挺胸抬头，腰部立直，收腹，双脚分开一步宽，双手放在身前或自然下垂，表现出一种思想开朗、信心十足的态度；当人缺乏自信时，肩部上耸或下垂，脊柱后凸，含胸，腰部松弛，双脚并拢，双手于胸前适度交叉，表现出一种谨小慎微、缺乏信心的态度；当人精神不振时，弯腰曲背，双手无力下垂，双腿软弱无力、弯曲颤抖等，表现出一种意志消沉的态度。

（2）坐姿的信息含义。一个人的坐姿不但能反映其性格特征，也能反映其心理状态。在双方交谈时，正确的坐势可以给人以端庄、稳重的印象，使人产生信任感。当人充满自信时，整个身体端坐于椅子中间，目光直视，上身微挺，双腿自然弯曲并拢，双脚并列或前后稍微分开；当人不自信时，坐在椅子边上，双手紧握，上身僵直，显得局促不安，像是随时都会站起来。

坐姿应注意入座、端坐、起座时的姿态美，入座时要保持上身正直，不要耷拉肩膀，含胸驼背；端坐时应坐在椅子或沙发的一半位置，且上身挺直；起坐前应同对方打招呼，表示告辞的意思，给对方一定的心理准备，不要一下子突然起身。

（3）步姿的信息含义。人们行走的姿势也是多种多样的。比如，有闲庭自得、消磨时间的散步；有风驰电掣般的疾驰；有犹豫不决的徘徊；有老态龙钟的蹒跚；有心情烦闷的急走；有姿态优雅的漫步等。每个人都有自己独特的走路姿势，正确的步态能体现出一个的精、气、神，给人留下美好的印象。

人们行走的姿势也会随着情绪的变化而改变，观察一个人的步姿，能够感受到他的心情和情绪上的变化及其个人特征。当人充满自信时，走路稳健，双臂自然摆动，头正，目视前方，上身挺直，步伐均匀；当人缺乏信心且沮丧时，步伐沉重而迟缓，含胸耸肩，低头，双臂很少自然摆动或将两手插入口袋中。

男性走路时，一般稳健、迅捷，步伐稍大；女性走路时，一般婀娜、轻盈，步伐稍小。但是无论男性还是女性，在走路时都应抬头挺胸，双肩平直，体现出朝气蓬勃、积极向上的精神状态。

古人云："站如松，坐如钟，行如风。"站、坐、行这些身体语言能准确而适度地反映一个人的气质、风度，在公众面前塑造美好的形象。

（4）手势语的信息含义。手势语也可说是一种独立的有效的语言。手势语主要指包括人的手指、手掌、手臂在内的由双手发出的各种动作。使用不同语言国家的人在沟通时，不能有效、流畅地表达自己的想法，往往会借助一定的手势来表达自己的观点，因此有人说手势语是第二口语。

得体的手势语要结合具体的场合和口语表达的内容。一般来说，手势语宜少不宜多，要与口头语言相互辉映，起到与口头语言相互补充的作用，与人做一般交谈时，手势语活动范围的大小要适度，太大有过于夸张的感觉，太少又显得不够大气，心胸不够宽广。手势语的"上界"不应超过对方的眼眉，"下界"不要低于胸前，左右摆动的范围也不要太宽，并应在人的胸前或右方进行。

手势语能传达强烈的感情。比如两个同学同时犯了错误，被老师叫到办公室询问时，一个同学向另一个同学伸出手来一个劲地左右摇摆，这是在示意对方不要什么都说。再如当你进入会场开会时，你的同伴已经在会场占好座位等你，当看见你后，她会主动向你招手，示意她已给你占好位置。或者当人愤怒时，会紧握拳头；懊悔时，会捶胸顿足；胜利时，会高举双臂；失败时，会双手下垂。这些手势语无时无刻不在传达着人的思想和情感。

手势语是态势语言的重要组成部分，是人们交往中不可或缺的工具，但世界不同国别或不同民族之间，同一种手语表达的意思可能大体相同或相近，但也可能截然相反。例如，伸出并张开食指和中指，构成英文字母"V"字形，在欧美表示"胜利"和"成功"，在英文中代表了胜利"victory"，所以"V"向人表达了胜利、欢欣之意，用此手势时需以手背背向自己，但在希腊用此手势时，则必须把手背背向对方，否则就表示侮辱、轻视对方之意，因为在希腊，一般"V"字形手势代表了对方为恶意、邪恶之人。再例如，竖大拇指，余指握拳，这是中国最常用的手势，表示夸奖和赞许，意味着"好""最棒""第一"等，是欣赏、夸奖的意思。在篮球比赛时，裁判会一手执球，一手竖大拇指，表示一切就绪，比赛可以进行了。在美国，竖起大拇指的含义则带有侮辱的性质，相当于"你吃饱了撑的"。所以不同国家、民族、地区的人进行交往时，需要懂得他们的手势语言，以免造成误会和误解。

握手是手势语中的一种体现形式，也是一种常见的问候和道别的方式。握手不仅是中国人最为常见的一种见面礼和告别礼，而且在涉外交往中也普遍适用。正确的握手姿势是：在握手时应注视对方，手指微向内曲，掌心呈内凹陷，力度适宜，时间为 3～4 秒钟。通过握手的瞬间能感受到交际对方对彼此的情感反应程度，轻柔相握，用力适中，说明对方情绪稳定，态度谦和；握手时不注视对方，力度轻，时间短，甚至双手稍一触及便放开，说明不尊重对方，冷淡失礼，没有诚意进行合作与交流；用两只手握住对方一只手，并用力摇动，是热切、欢迎、感激的表现。

握手是交际双方进行交流前表情达意的、无声的开场白。人们应当在握手时积极主动地向他人伸出橄榄枝，以积极的态度让对方感受到自己手中的温暖和美好，打好这个开场白，下一步的交流就会顺畅许多。

2. 面部表情

面部表情可以传达很多口语中不能体现的信息，面部表情是态势语言中的一个细微组成部分，但面部表情却是最丰富、最具有说服力的态势语言。

面部表情是人们在社会交往中，在外部环境和内心机制的双重作用下而引起的面部颜色、光泽、肌肉以及纹路的变化，从而实现表情达意，感染他人的一种信息传递手段。俗话说“出门看天色，进门看脸色”，就是提醒人们在交往与交谈的过程中，不仅要善于控制和调节好自己的神态，也要从别人的面部表情中察觉其心理活动和内心情感的变化。契诃夫在《变色龙》中，根据情节变化，形象而深刻地刻画了奥楚蔑洛夫或善或悲，或怒或骂的面部表情，从而突出了人物的性格特点。

面部表情语言是运用面部器官，如眉、眼、鼻、嘴的变化来表达情感的。如笑逐颜开时，代表心情愉快；紧锁额眉时，代表焦虑不安；横眉冷对时，代表内心冷酷。就像法国作家罗曼·罗兰说的那样：“面部表情是十多个世纪以来培养出来的最成功的语言，是比嘴巴讲的要复杂千万倍的语言。”

（1）眉毛。眉毛的功用不光是保护眼睛，它还能传递人的心理活动信息。人的心情变化了，眉毛的形状也会跟着改变。眉毛的动作，大致有3种表现。

1）扬眉。人们常用“扬眉吐气”一词来形容心情。当眉毛扬起时，会略向外分开，造成眉间皮肤的伸展，使短而垂直的皱纹拉平，同时整个前额的皮肤向上收紧，形成水平方向的长条皱纹。扬眉能扩大视野，给人充满自信和力量的感觉。

2）皱眉。人们皱眉包含很多含义，如生气、焦虑、恐惧、慌张、愤怒等。皱眉时，双眉向中间收缩。当看到别人皱眉时，要与当时的实际情况及对方的其他动作相结合来判断其情绪。

3）耸眉。耸眉是指眉毛先扬起，停留片刻，然后再降下。人们在热烈地谈话时，会做一些小动作来强调自己所说的话，当讲到重要的地方时，也会不断地耸眉。有时耸眉也表示一种并不愉快的惊奇，或是一种无可奈何的情绪。

（2）眼神。语言表情中最重要的是眼神。黑格尔在《美学》中说：“不但是身体的形状、面容、姿态和姿势，就是行动和事迹、语言和声音以及它们在不同生活情况中的千变万化，全部要由艺术化成眼睛，人们从这眼睛里就可以认识到内在的、无限的、自由的心灵。”

眼睛里流露出来的光彩，人们称之为眼神。人的眼神是通过眼睛的开闭张合、眼球的运动、瞳孔的舒缩、视线的变化以及眉毛的配合表现出来的。

了解了眼神的准确含义，就能在进一步的交谈中合理地运用眼神，增强交谈效果，减少误会。除了演讲，正常交谈时，双方的眼神以水平位置相同或相近为好。而俯视的眼神会给人以盛气凌人之感，会使人产生自卑或抵触情绪。

恰如其分的眼神可以体现出一个人的道德修养或情操。交谈时东张西望、左顾右盼是最不礼貌的。如果说话者如此，则反映出傲慢，缺乏交谈的诚意，修养欠佳；如果听话者如此，则反映出轻视、不专心，会影响双方的感情交流。谈话时应注意看着对方，但不必总是盯着对方的眼睛，以免使对方手足无措。

（3）鼻子。鼻子在面部表情中也发挥着一定的作用。在交谈时，鼻子稍微胀大，多数表示得意或不满，或情感有所抑制；鼻头冒出汗珠时，表示心里紧张、焦躁；用鼻孔朝着对方说话，表示藐视对方，不把别人放在眼里；人在说谎时，也会出现用手指轻摸鼻子的动作。

（4）嘴唇。嘴本身就是传递有声语言的器官，但是作为面部器官之一，它同时也传递着一种无声语言。当人撇嘴时，收缩唇部肌肉，嘴角会轻微下垂，显出轻蔑的神情，通常是在表达不满或轻蔑，也可以理解为不认同对方的观点；当人的上牙咬下嘴唇时，往往是一种压抑内心感受的表情；嘴角上扬时，体现的是性格开朗、亲切、外向且能言善道，乐于同他人交流。

（5）笑容。笑容是一种特殊的面部表情语言，笑是人与人沟通中出现次数最多的，也是最能够表达、沟通意图的无声语言。美国伯明翰大学的艾文·格拉特博士认为人有 5 种基本笑容。

1）微笑。唇部呈向上的弧形，眼睛略眯起来，眉毛上扬，鼻翼张开，脸肌收拢，不露牙齿，“巧笑倩兮，美目盼兮”，就是典型的微笑。

2）轻笑。嘴巴只微微张开，只有上齿露出来。

3）大笑。嘴巴张开，上下牙齿均能看见，并发出“哈哈”声音。

4）抿嘴而笑。通常出现在害羞女孩的脸上，和轻笑类似，只是下唇含在牙齿中而已。

5）皮笑肉不笑。面部表情僵硬，嘴角略张起便收拢，眼睛不敢直视对方。

日常生活中使用频率最高的是微笑，当今各行各业都大力提倡微笑服务，可见微笑是蕴含着特殊魅力的。要塑造美好的微笑，我们就要在平时的生活中提升微笑的艺术修养，微笑时应注意以下几点：

①微笑应发自内心，口、眼、鼻、眉、肌相结合，做到眼到、眉到、鼻到、肌到、情到，这样的微笑才会亲切，可以快速拉近人与人之间的距离。

②微笑的时候要和自己的神情结合，做到精神饱满，要笑得亲切、自然、甜美。

③微笑也要做到声情并茂，甜美的微笑伴以礼貌的语言，才能相映生辉。如果脸上挂着微笑，却语言粗鲁；或语言文明，但表情冷漠，都不能达到用微笑给人带来的良好的人际沟通效果。

3. 衣着打扮

常言道，“人靠衣装”。一个人的衣着打扮彰显了一个人的身份、地位、教养程度和审美标准。在生活和工作中，我们可以通过观察每个人的不同的穿着打扮来判断其内心世界，所以说衣着打扮也是态势语言的一部分。

喜欢着简单朴素服装的人，性情沉稳，待人真诚，简单自然；喜欢着高贵名牌的服装的人，经济条件较好，容易孤芳自赏；喜欢着单一颜色的服装的人，善于思考，性情正直，刚强。

服装的颜色也能透露出人的性格倾向。喜欢白色服装的人，个性单纯，清新自然，没有城府；喜欢深色服装的人，不善于表达自己，自尊心很强，谨言慎行；喜欢红色服装的人，大胆，时尚，容易冲动和感情用事；喜欢绿色服装的人，踏实，勤劳，做事理性。当然，在现实生活中，每个人都有不同种类和颜色的服装，但在其着装特点上，我们是可以捕捉到一定的信息的。

除了服装，鞋也是判断一个人性格特征的检测器。在英国，人们常常以“鞋”取人。因为它不仅能起到保护脚的作用，也是一个人身份的象征。

始终穿同一款鞋的人，属于思想独立、做事谨慎的类型；喜欢穿运动鞋的人，属于乐观豁达的类型；喜欢穿时尚新款鞋的人，属于表现欲和虚荣心很强的类型；喜欢穿靴子的人，属于自信心不强、没有安全感、总想保护或隐藏自己的类型。

衣着打扮会无声地体现出一个人的社会地位、个性、职业、年龄、气质等信息，每个人都应衣着得体，这样才能够帮助我们更好地融入社会当中，为人际交往添砖加瓦。

态势语言在生活中有着举足轻重的作用。在利用态势语言表达情感时，需要注意以下两点：

（1）态势语言表达的内容要与口头语言表达的内容一致。态势语言对口头语言起到辅助表达的作用，能给人留下更深刻、更清晰的印象，这就要求两者表达的内容一致。

（2）学会控制自己的态势语言。态势语言是感情的自然流露。举个例子，当人们说话时，虽然嘴在说，但是眼睛会不自觉地不敢直视对方，或者眼神飘浮不定，那一定是言不由衷或者想隐瞒什么，所以在面对面交流时，虽然对方口头表达的是一种态度，但是常常能从对方的态势语言中获得更真实的信息。这就要求我们善于控制自己的体态语，使之与我们的口头表达的思想感情始终保持一致。

第三节　口头语体的特征与类型

一、口头语体的特征

口头语体一般适用于交际双方用口语交流的场合，是人们在相互沟通交流的过程中使用的有声语言。口头语体有如下特征。

（1）有声性。口头语体的主要载体是声音，是由语音表现的音节、词、句构成的传情达意的系统。

（2）用词灵活。可以使用人们熟悉的方言词、歇后语、俗语等，一般用词平易、朴素、简单，很少使用修饰语。

（3）句式结构简单。多用短句，很少用复式结构的句子，较少使用关联词语。

（4）采用修辞方法。一般不加修辞，多以生活中常见的事物作为喻体。

（5）语气、语调的作用。在口语交流的过程中常借用每个字的字音，整句话的语气、语调的变化推动情感的表达。

（6）语言表达直接性强。因为口头语体多为对话的形式，所以一问一答的过程中，酝酿语言、措词的时间较短，即现想现说，信息传递最为直接、快捷。

（7）随意性较强。在交际双方进行口语交流的过程中，可以涉及各个不同的领域和主题，因此具有随意性、多变性、临时性的特征。

（8）复合性较强。在表达的过程中，可以将语言因素和非语言因素结合起来，说的人可以边说边做动作，听的人可以边听边看对方的动作。

二、口头语体的类型

口头语体分为谈话语体、演讲语体、传媒解说体。

1. 谈话语体

一般指在日常工作、生活中用于口头交流、交谈的语体。如向老师请教问题；朋友、同事之间的闲谈；家庭成员商讨问题等。谈话语体除了具有一般口头语体的特征外，还具有如下特点：

（1）话题自由性强。

（2）生活气息浓郁。

（3）儿化词、叹词使用频率高。

（4）对语境的依赖性强。

2. 演讲语体

（1）多为独立完成。采用演讲语体时，虽然也是面对面地进行交流，但是缺少对话的环境。

（2）主题单一、明确。一般根据需要和具体的语言环境，将某一个观点充分展开和强调。

（3）充分发挥词语的感情色彩。运用抑扬顿挫、斩钉截铁等带有坚决色彩的词语，给听众留下深刻的印象。

（4）运用专门的术语、书面词语。

（5）运用手势、动作、语调情绪来辅助表达。

3. 传媒解说体

传媒解说体即新闻的语言形式，通过新闻媒介，向受众报道新近发生的或者发现的事实，传播具有新闻价值的信息时所使用的语体，它既有语体的共性，也有新闻的个性。它的基本特征是客观、精确、简洁。

三、口头语体与书面语体的区别

1. 语境

口头语体有相互对话的环境，以声音为载体；书面语体没有相互对话的环境，以文字为载体。

2. 表情

面对面地交流时，口头语体可以有表情、手势、语调等补充、辅助表达情感，而书面语则没有。

3. 用词

口头语体用词自由、自然、简单、平易，如“哥们”“逛街”等，很少引用古诗词、成语典故；书面语体用词讲究文雅规范，准确生动，如“馈赠”“造诣”“阁下”等，多引用古诗词、成语典故。

4. 句法

口头语体句式简单，多为单句、短句；书面语体多使用长句、关联词等。

口头语体与书面语体各有不同的特征，口头语体是书面语体的基础，书面语体是口头语体的升华，但也有以书面形式呈现口头语体的表达形式的，如“家书”“日记”等。口头语体与书面语体相互作用、相互影响、相互促进，增强了语体的功能，推动了语言的发展。

第四节　口头语体的要求与准则

一、口头语体的要求

1. 念准字音

口语依靠声音传播信息，声音以音节为单位，在发出声音时一定要吐字清晰、语音准确，如果交谈的过程中有两三个音节不准确或是让人听不清，就会影响整句话的思想意思以及情感的表达。举个例子，曾经有一位女播音员把“水獭”读成“水赖”，之后有人戏称她为“水赖小姐”。还有一位男主持人，将“鬼鬼祟祟”读为“鬼鬼崇崇”，被人戏称为“鬼崇先生”。在日常工作生活中，因为念错字音而发生的误解与笑话比比皆是。所以立志要有好口才的人，首先应当力求字音准确。

2. 语调适中

语调就是指一句话中或句中某一片段的声音的高低快慢的变化以及轻重等。举个例子，有一次，意大利著名悲剧电影明星罗西应邀参加了一个欢迎外宾的宴会。席间，许多客人要求他表演一段悲剧，于是他用意大利语念了一段“台词”。尽管客人听不懂他的“台词”内容，然而，他那动情的声调和表情，凄凉悲怆，不由使人流下同情的泪水。可一位意大利人却忍俊不禁，跳出大厅外大笑不止。原来这位悲剧明星念的根本不是什么台词，而是宴会桌上的菜单。这个有趣的事例说明了语调的感染力，正如一位语言大师所说：“语调是语言动作的最高级的、最有说服力的一种形式。”

3. 语气贴切

语气是具体思想感情支配下的语句的声音形式，语气能够表达出某种信息、某种情感或某种态度，语气能够影响交流对方的情绪，如喜悦的语气会引发对方的喜悦之情；生硬的语气会引发对方的不悦之感；抱怨的语气会引发对方的厌烦之感。在交流过程中应根据不同场合、不同时机、不同环境、不同交流对象，灵活恰当地运用不同语气，做到适时而发。

二、口头语体的准则

1. 言之有诚

待人坦诚是人与人之间进行交流的基础。坦诚相见是以真情换真心，真实的情感是成功说话的第一乐章。与人交谈，贵在推心置腹。《左传》中有“触龙说赵太后”的故事。赵太后刚掌管国政，秦国就加紧进攻赵国。赵求救于齐，齐王却要求用赵太后最小的儿子长安君做人质才肯出兵，赵太后坚决不答应。大臣们竭力劝谏，赵太后生气地说：“有再说要长安君做人质的，我就啐他的脸。”大臣们因此都不再敢说这件事了，但左师触龙却不畏难。首先他委婉地说明，他是来看望太后的，让太后消了怒气。然后他表示了对太后生活起居的关心，语气轻柔，娓娓动听，最终使太后的神气缓和了。续之，触龙又引导太后说起儿女情长的话来，他说太后为燕后做了长期打算，而没有为长安君做长期打算，并举例说明无功而封以高官厚禄，只会给子女带来杀身之祸。长安君这次做人质正是为国立功的机会，今后在赵国就能站得住脚了。左师触龙的这番话坦诚可信，用真挚情感将心比心，从而达到感情上的融洽，最终说服了太后，同意长安君到齐国当人质，从而解除了赵国的军事危机。

再举一例，战国时，魏文侯和一些士大夫在闲谈。文侯问他们："你们看我是怎样的一位国君？"多人都笑答："您是仁厚的国君。"但一位叫任座的人却回答说："你攻下了中山之后，不拿来分封给兄弟，却封给了自己的长子，显然出于自私的目的，所以我说你并不仁厚。"一席话说得文侯恼羞成怒，立刻令任座滚出去，任座若无其事地昂然离去。文侯仍不甘心，他又接着问翟璜："我究竟是怎样的一个国君？"翟璜答道："您的确是位仁厚之君。"文侯更加疑惑了，翟璜说："我听说过，凡是一位仁厚的国君，其臣子一定刚直，敢说真话，刚才任座的一番话说得很直，而不是阿谀奉承之词，因此，我知道君主是位宽厚的人。"文侯听了，觉得言之有理，连声说："不错，不错。"立即让人把任座请了回来，而且拜他为上客。

从这则故事中，我们不但能看出翟璜的机巧聪明，善于抓住魏文侯愿意被人尊为仁厚之君这种心理；而且能看出他人品高尚，待人坦诚，化解了文侯和任痤之间的矛盾。

言之有诚要求待人坦诚，但也并不是信口开河，口无遮拦，"坦荡到底"的人容易得罪别人，损坏自己的形象，失去应有的机会，例如"我要好好向你学习"这句话，用诚挚的态度说出来，会使对方感到自豪和高兴；如果用玩世不恭的态度说出来，会让人觉得有讽刺的意味，使对方感到不悦和反感。所以真诚的情感表达，既可以愉悦谈话的氛围，也可以进行心与心的交流。

2. 言之有礼

真诚的态度是打开人与人之间交流的大门钥匙。要想沟通得顺畅，还要做到言之有礼。有这样一个故事：过去，有个年轻人骑马赶路，忽见路上有一位老汉，他便在马上高声喊道："喂！老头儿，离客店还有多远？"老汉回答："五里。"年轻人策马飞奔，急忙赶路去了。结果一气跑了十里多，仍不见人烟。他暗想，这老头真可恶，说谎骗人，非得回去教训他一下不可。他一边想着，一边自言自语道："五里，五里，什么五里！"猛然，他醒悟过来，这"五里"，不是"无理"的谐音吗？于是掉转马头往回赶，追上了那位老人，急忙翻身下马，亲热地叫了一声"老大爷"，话没说完，老人便说："客店已走过了，如果不嫌弃，可到我家一住。"

这个流传很久的故事告诉我们，言之有礼是进入交际大门的通行证，那么如何做到言之有礼呢？

（1）会用尊称。称呼得体会使对方感到亲切、愉快，是良好沟通的前提和基础，称呼不得体往往会引起对方的反感，使双方沟通不顺畅，达不到交流的目的。选择合适的称呼需要用自己的智慧和经验，根据对方的年龄、身份、职业、双方关系的亲密度以及交往的场合等因素来决定。我们尊敬的周恩来总理为我们做了一个优秀的榜样。1972 年周恩来总理在欢迎美国总统尼克松的招待会上这样称呼："总统先生，尼克松夫人，女士们，先生们，同志们！”这种称谓客气、周到而又出言有序的外交家的风度，给人们留下了深刻的印象，是我们学习的典范。

（2）学会问好。在日常生活的谈话交流中，除了要会使用尊称外，还要学会问好。相互见面时，道一声“你好！”或“您好！”这是很容易的事情，但是平时，我们总是忽视它的作用，其实这一声问候表示了尊重、亲切和友好，显示了个人的礼貌程度和风度教养，更是拉近双方距离感的最有效、最简捷的方法。可以说，问候语是增进人际关系亲密度的添加剂。使用问候语时，要注意尽量简洁、明快，道一声“你好”或“早上好”就可以了，一定不要过度寒暄或“追问”到底，“你出门要到哪去呀？”“几点回来呀？”这样有可能让对方不方便回答，从而造成尴尬的气氛。另外，问候语一定要分场合，比如中国人常习惯见了面就问：“吃了吗？”如果离就餐的时间尚早，或是在工作场合就不适时宜了。

（3）会用敬语。美国人说话时，常用“请”字，英国人说话时常用“对不起”，谦虚、有礼貌和成功的人士说话时常用“请指教”“请多包涵”“请发表高见”等礼貌用语。要使用好敬语就要多多掌握敬语的数量，如“请问”可以说成“借问”“敢问”“请教”等；“谢谢”可以说成“多谢”“非常感谢”等；“打扰”可以说成“劳驾”“麻烦”“烦劳”等。我们国家的词汇博大精深，在日常生活中，我们要尽量多加运用，礼貌用语的使用不但能够促进双方交流的气氛，还能够减少和避免许多摩擦和误解。

3. 言之得体

言之得体就是指说话要看场合。到什么样的场合说什么样的话。在哪个场合都要说符合那个场合的话，否则会影响气氛，得罪别人，失去面子。举个例子，鲁迅先生有一篇散文《立论》，生动地揭示了说话应注意场合的技巧。一个人家生了男孩子，全家高兴透顶了。满月的时候，抱出来给客人看——自然是想讨点好兆头。一个人说：“这个孩子将来要发财的。”他于是得到一番感谢。一个人说：“这孩子将来要做官的。”他于是收回几句恭维。一个人说：“这孩子将来是要死的。”他于是得到一顿痛打。这个例子充分证明了一句俗语——“到什么山上，唱什么歌”。在婚庆、剪彩、庆功等场合，就要用愉悦、欢快、祝贺等颂扬性的语言；在吊唁、追悼会等场合，要用沉痛、悲伤等肃穆性的语言；在开会、就职演说等场合，要用严肃、正式等庄重性的语言；在家人闲聚时或与朋友进餐时，要用轻松、随和等自由性的语言。

4. 言之有术

在现实生活中，说话还要讲究一定的艺术性。

（1）学会赞美。西方有句谚语：“一滴蜜比一桶药所捉住的苍蝇还多。”每个人都希望受到周围人的赞美，而我们每个人不仅是赞美的接受者，也是赞美的施予者。用诚恳的态度和热情洋溢的话语来赞美对方，不仅能使对方感到自我价值被认同和认可，更能表现出本身的涵养、友善，并能迅速加深彼此之间的情感，深入交往。

萧伯纳是一位有名的演讲家，但是谁也不会想到，20岁之前的他是一个公认的胆小鬼。他的第一次演讲，是在一位朋友的邀请下参加的。当时，胆小的他诚惶诚恐地站起身来，声音很小地讲了一个小故事，结果别人都嘲笑他像个小姑娘，正当他感到懊恼时，一个女孩真诚地对他说：“其实你的声音很好听，相信你的声音如果再大些会更悦耳。”萧伯纳害羞地看着女孩，女孩开心地笑了。她知道他已经接受了赞美。正是因为这句赞美的话，给了他无形的力量，此后，萧伯纳积极地寻找当众演讲的机会，无论是在成千上万的演讲大厅，还是在寥寥数人的教室里，他都会出现。经过无数次的锻炼，他改掉了胆小的毛病，并成为杰出的语言大师。

还有这样一个关于赞美的发人深省的小故事。有一次，卡耐基去邮局寄挂号信，办事员很不耐烦。当卡耐基把信件递给她称重时，说道："真希望我也有你这样美丽的头发。"闻听此言，办事员惊讶地看着卡耐基，接着脸上露出笑容，服务变得热情许多。可见赞美在交际的过程中起着重要的作用。

林肯说过："人人都喜欢赞美。"领导夸奖下属，能增加下属工作的信心；丈夫赞美妻子，能增进夫妻间的感情；同事之间相互称赞，能增进友谊；老师夸奖学生，能增添学生学习的动力。但是在赞美别人的同时，一定要注意需要用诚恳、恰如其分、真心诚意的态度，要掌握好赞美的艺术，还需要我们在日常生活中注意观察，运用语言和智慧的力量。

（2）婉言批评胜过当面指责。在不得不批评别人的时候，如果求全责备、横加指责，只能让对方感到羞愧、恐慌，甚至失去信心或一蹶不振，伤害双方的情感。"人告之以有过，则喜"的，恐怕只有圣贤子路才有如此雅量。那么如何说才能起到批评的效果又不会伤及双方的情感呢？这就需要运用说话的技巧了。举个例子，有一个中学生，在上数学课时看卡通书，当时老师没有马上批评他。下课后，老师把他叫到办公室，亲切地对他说："你能告诉老师'专心致志'这个成语是什么意思吗？"同学回答说："这个成语的意思是无论做什么事情，都不能一心二用。"老师肯定地说："你回答得非常正确，如果你再用这个成语形容一下，你今天上数学课时的表现呢？"这个同学马上不好意思了，低下头说："我今天上数学课时看卡通书，没有做到'专心致志'地听课，我做得不对。"

在这个小故事中，老师没有批评学生一句话，但是老师巧妙运用了委婉的方式，让学生自己认识到了错误，既达到了批评的效果，又没有造成学生的逆反心理，而是从内心认识到了自己的错误，这位老师才是真正"高明"的批评者。

（3）幽默的语言能为谈话锦上添花。生活中的幽默无处不在，幽默的语言能为谈话锦上添花，能为人们瞬间消除隔阂，能为人们的生活带来愉悦，能使人们增进情感。在南北战争时期，一位将军从前方给林肯发回电报，林肯觉得电报上的战况太简略，就回电要求今后的战报务必详尽。这位将军是个急性子的人，看到电报后很不高兴，不久就拍了个电报给林肯："缴获母牛六头，请示如何处置。"林肯看了电报，知道将军生气了，立刻回电："速挤奶。"将军看了，哈哈一笑，怒气全消。

能把话说得机智、幽默、风趣、生动，既能体现出谈话的人聪慧、有知识，又能说明其综合素质高，口才不凡。像林肯那样在紧要关头，轻松地"幽上一默"，那么紧张、尴尬的气氛便会瞬间消除，而且还增进了情感，增添了生活的趣味。

（4）委婉拒绝，曲径通幽。无论是人际交往中，还是在商务谈判时，都会遇到被人拒绝和拒绝别人的时候。迫于担心影响人际关系和利益分配的情况下，很难一下说出"不"字，这时就要运用说话的技巧。举个例子，一次，有人想让庄子去做官的。而庄子是最不喜欢做官的，但是又不好直接拒绝，于是他打了一个比方："你看到太庙里被当作供品的牛马了吗？当它们尚未被宰杀时，披着华丽的布料，吃着最好的饲料，的确风光。然而到了太庙后，它们却被当成了宰杀品，再想自由自在地生活，还可能吗？"听了这番话，谁还会逼迫他去做他不喜欢的事情呢？

运用巧妙委婉的语言拒绝他人，不仅能缓解彼此间的尴尬，还能加深友谊，甚至使对方更加信任你、欣赏你。

（5）与人交谈要善于观察。人的心理状态和情绪会随着环境的变化而变化，善于观察听者的一举一动，并能据此加以分析和推测，那么，基本上可以掌握听众的心理和情感的变化。譬如，在演讲时，观众发出嘘声或交头接耳，说明听众不喜欢演讲者的发言；如果观众两眼直视演讲者，说明其对讲演的内容非常感兴趣；如果观众左顾右盼，坐立不安，思想不集中，说明他心里可能很着急，但又出于尊重或其他原因而不得离开。当然，有许多人善于抑制自己的情感，那么如何能够在与人交流时捕捉到对方的心理和情绪变化呢？

1）注意对方的身份。几乎没有一个人在说话的时候不考虑彼此的身份，不分对象、不看对方的身份，都用一样的口气说话，这是一种幼稚无知、轻佻无礼的表现。虽然身份不同不会妨碍人际交流，但是在公众场合，说话要恰如其分地把握好自己与听者的身份差别。

1953年6月28日，毛主席到了北京市朝阳区原大屯乡鱼池村视察，他走访的第一家，主人名叫张振。走进院里，毛主席就问寒问暖，他摸着院子里晾的一床破旧的露着棉花的被套问，冬天盖这样的被子薄不薄？又走进屋里问，冬天烧不烧炕？还问家里几口人？都叫什么名字？多大年纪？小孩子上学没有？庄稼长得好不好？当问到粮食够不够吃时，张振如实回答："过去吃野菜，现在有吃的了，不过还不大好，荒月还要吃些白菜团子。"毛主席点点头，安慰他说："不用急，生活会一天天好起来的。"

与乡亲拉家常，毛主席擅长对不同的人说不同的话，讲究话语的形式与自己和对方的身份相符，既得体又恰当，更把自己与乡亲的距离拉近了。

2）注意对方的地位。个人的社会地位不同，就会有不同的人生经历、社会职责和交际目的，对口才表达也会产生不同的需求。

有一次，清朝乾隆皇帝到镇江金山游览。当地的方丈派了一个能说会道的小和尚做向导。当乾隆皇帝上山时，小和尚边走边说："万岁爷步步高升。"乾隆听了很高兴。一会儿，下山了。乾隆皇帝有意试试小和尚的口才，便问："你在上山时说我步步高升，现在你看我怎么样？"小和尚不假思索，立即答道："万岁爷后步更比前步高！"下山时后面的脚当然比前一只脚要高，所以也暗含着"步步高升"的意思。这个小和尚能注意说话对象的身份、地位，恰当用语，体现了他随机应变的智慧。

3）注意对方的性格特征。性格，是对人、对事的态度和行为方式所表现出来的心理特征。一个人的性格特征通过自身的言谈举止、表情等流露出来。比如那些快言快语、举止简捷、眼神锋利、情绪易冲动的人，往往是性格急躁的人；那些直率热情、活泼好动、反应迅速、喜欢交往的人，往往是性格开朗的人；那些表情细腻、眼神稳定，说话慢条斯理，举止注意分寸的人，往往是稳重的人；那些口出狂言、自吹自擂、好为人师的人，往往是性格骄傲、自负的人；那些懂礼貌、讲信义、实事求是、心平气和、尊重别人的人，往往是性格谦虚、谨慎的人。

对于这些不同性格的人，和他们说话时要具体分析，区别对待。如他喜欢婉转的，就说含蓄的话；他喜欢亢直的，就说激切的话；他喜欢有学问的，就说高远的话；他喜欢家常的，就说亲近的话；他喜欢诚恳的，就说朴实的话。说话的方式与对方性格相符，自然能一拍即合。

4）区别对方的知识水平。与人说话要区别听话人的文化知识水平。知识水平与人的经历、职业、文化教养等紧密相关。孔子周游列国时，马跑脱后吃了庄稼，庄稼地的主人很生气，扣留了马。孔子弟子子贡能言善辩，主动前去说清事实，可是他费尽口舌后，人家仍然不放马。孔子说："你拿人家听不懂的大道理去说服人，就好像是用马牛羊三牲去祭奠野兽，用悦耳的音乐去娱乐飞鸟，怎能行得通呢？"孔子派马夫去对农夫说："你不在东海种地，我不往西海旅行，我的马哪能一点也不碰你的庄稼？"农夫便接上了茬，两人谈得很开心，也放了马。子贡"对牛弹琴"，结果事与愿违。孔子圣明，人尽其用，使马夫做到了子贡做不到的事。

5）顾及对方的情绪反应。著名书画大师唐伯虎十分看不起住在他家对门的一户人家，因为那家人并不是世代书香门第，只是在半途上发迹的。这户人家有一位母亲和5个儿子。有一天，这5个儿子为向母亲庆贺生日，亲朋好友聚集，热闹非凡，只因不是书香人家，在这祝福之中，少有文墨的点缀，未免有些美中不足。这时候，大家想起了对门的唐伯虎是一位才子，如果有他赠送的一些礼品，那一定增光不少。

正在这家人想前去祈求的时候，唐伯虎居然备了一些薄礼，前来祝寿。这户人家的主人自然很高兴，亲朋好友也十分高兴。席间，大家请他题词，唐伯虎毫不推辞，立即拿起笔来，第一句是"对门老妪不是人"，第二句尚未写完，主人和亲朋个个怒目而视，因为今天是祝福生日的，大家应该高兴，说吉利话才对。现在，唐伯虎的题诗，竟骂起人来，这样怎能不叫人愤怒呢？因为他是有名望的才子，所以大家只是怒目而视，不敢发作。唐伯虎这时感觉到大家的怒火立刻要爆炸了，因此，他又写道："天上神仙下凡尘"。这一来，大家的情绪缓和了下来。大家都觉得这真是一位才子，用看似骂人的口吻，写出了一首极好的祝福词。

这家人哪里知道，唐伯虎并不是真心来祝寿的，他是要来骂一下那位寿婆的。可是他看了周围环境，知道骂了人不会有好处，所以虽然脱口骂了人，还是立刻改变了口吻，使已经骂出来的话也成为赞美语，这灵敏的手腕便是顾虑到别人的反应的结果。

第五节　学习口头语体的意义

现代社会是高速发展的时代，尽管信息的表达、传输的方式有很多，但人与人的交际、沟通最主要、最便捷的还是"说"。说话是交流信息、传递情感、表达思想的最基本形式，不论从事哪一行业、哪一岗位，口才都是建立良好的人际关系和步入成功之门的必要手段。可以说，口头语言比书面语言起着更直接、更广泛的交际作用。

观古今，看中外。春秋时毛遂自荐使楚，口若悬河，迫使楚王歃血为盟。战国时苏秦游说诸侯，身挂六国帅印，促成合纵抗秦同盟。三国时诸葛亮舌战群儒，使孙刘结为联盟。新中国周恩来总理妙语连珠，在中国历史上留下了不朽的篇章。邓小平同志也以自己巧妙的说话方式扬名世界。拿破仑游刃有余地因时因地运用惊世的口才赢取了一系列震惊世界的重要战役。

好的口才在社会的各个领域起着重要的作用。在处理国际争端时，成功的谈判技巧和良好的口语表达，能够顺利解决争议，化干戈为玉帛，避免发生战争；在进行商业贸易时，娴熟地运用商业规则，巧妙地运用言辞，可以增加利润，拓宽财源渠道，取得更多的合作机会；在进行学术研论时，阐精释义，准确表达观点，可以促进沟通和交流，提高学术水平；好的口才也是润滑剂，可以化解家庭中不愉快的小纷争，营造良好的家庭气氛。

西方有位哲人说过这样一句话："世间有一种途径可以使人很快完成伟业，并获得世人的认可，那就是优秀的口才。"随着社会的不断进步，国家的不断发展，口才越来越显示出它的重要性。良好的口才现在已经是用人单位择人用人的首要标准和重要标准，现代社会已把口头表达能力、公众演讲能力作为衡量一个人是否有才干的检验标准。口才已成为创造型人才必须具备的素质，是立身、处事、接人、待物、竞争、生存的基础。更是那些置身职场的人建立宽广的人脉，赢得更多合作伙伴与商业机会的基石。要想成为现代社会的高素质人才，必须练就出色的口才。

学习好口语表达，对每个人都有重要的意义。在日常生活中，良好的语言沟通能使不认识的陌生人加深了解，消除人与人之间的误解与隔阂，也能取得别人的信任。大家都知道，美国总统的竞选结果，最后的胜出者一定是在演讲能力、语言表达能力方面高于对手一筹；在职场上，正是那些能言善辨、能说会道、出口成章的人才会充分显示出自己的才智、才华、才学，而成为职场中的管理者、领导者，更能够成就自己一生的事业。事实证明，无论是日常生活中，还是在商场与职场上，有的人在竞争中失败，有的人却在困境中取得成功，其关键因素之一就是拥有良好的口才。

综合训练

一、填空。

1. 在下面括号中填入恰当的词语。

初次见面，要说（　）；许久不见，要说（　）；客人到来，要说（　）；
等待客人，要说（　）；探望别人，要说（　）；起身作别，要说（　）；
途中先走，要说（　）；请人别送，要说（　）；请人批评，要说（　）；
请人指点，要说（　）；请人帮忙，要说（　）；托人办事，要说（　）；
麻烦别人，要说（　）；求人谅解，要说（　）。

2. 面对不同的交际对象时，称呼语应该有所不同，请填空。

（1）面对长辈时，应称呼（　）。
（2）面对晚辈时，应称呼（　）。
（3）面对领导时，应称呼（　）。
（4）面对幼儿园的孩子时，应称呼（　）。
（5）面对观看节目的人时，应称呼（　）。
（6）面对购买商品的顾客时，应称呼（　）。

二、词语替换。

由于各种不同的因素，人们都忌讳说"死"这个字，尤其当着死者的亲属面前说这个字，不但很不礼貌，还会让人更加伤感。请用委婉的说法列举出替代"死"这个字的词语。

三、分析评论。

1. 分析下面的故事中，岳飞和牛皋的交际效果迥异的原因。

牛皋是一位年轻骁勇的战将，一次，他在赶路时，迷失了方向，正好看到一位老者，他就在马背上高声嚷道："老头儿，爷问你，小校场往哪里走？"老人不予答理。过了一会，岳飞路过也向老者询问："不敢乞问老丈，方才可曾看见一个黑发大汉，坐一匹黑马的，往哪条路上去的？望乞指示。"老人听后，面带笑容，立即给岳飞指引方向。

2. 读一读下面的小故事，分析一下故事中樊哙和张良的劝说方法有什么不同。哪个更好，为什么？

秦汉之际，刘邦率兵攻破函谷关，进入咸阳，灭了秦朝。他进入秦朝皇宫，见宫室富丽堂皇，美女、珍宝不计其数，于是流连忘返，想留在宫中，享受一下做皇帝的快乐。将军樊哙见此情景便气冲冲地责问："沛公，你是想得天下，还是想当富翁？此室中所有，皆秦所以亡天下也，沛公赶快回灞上，千万别留在宫中。"刘邦听了，大为反感，脸上露出不悦之色，不予理睬。不一会儿，张良劝刘邦："只因秦王贪暴，不得人心，你才取得今天的胜利。我们既然为天下除去暴君，理应以俭朴为本，现在刚进咸阳，若又像秦王一样享乐，岂不等于助纣为虐？况且，'良药苦口利于病，忠言逆耳利于行'，希望您能听从樊哙的劝说。"他们终于说服了刘邦还军灞上，揭开了楚汉战争的序幕。

3. 比较破折号前后的两句话，说一说哪句话的赞美更得体。

"彼得，在过去的一年中，你的工作很出色。"——"彼得，你是一个了不起的人。"

"汤姆，你的年终报告写得很好。"——"汤姆，你是个很好的职员。"

"约翰先生，你的草坪太漂亮了。"——"约翰先生很勤劳。"

4. 请分析一下，巨商霍东默先生为什么会谈成生意。

美国房地产巨商霍东默先生有一次承接了一笔令他发愁的买卖，因为他购买的这块土地虽然靠近火车站，有着便利的交通条件，但它却紧挨着一家噪音不断的木材加工厂。

几次交易中，霍东默先生都因隐瞒事实而导致洽谈失败。后来，他决定作一次全方位、严肃、细致的考察。考察过后，他又找了一位想购买地皮的顾客。

这次，他改变了洽谈方式，开门见山地向顾客说明："这块土地交通便利，价格便宜。之所以价格较低，是因为它紧临一家木材加工厂，噪音较大。"

霍东默先生见顾客一言不发，就继续说："如果您能容忍噪音，它将是您理想的选择。我可以带您到现场进行实地考察。"

没过多久，该顾客在霍东默的带领下到现场考察，结果这位客户说："这种噪音还是可以接受的，我更看中的是你这个人很实在，没有像其他人那样隐瞒事实，你的如实相告反而使我放心很多。"

于是，这项业务便轻松谈了下来。

四、思考并回答。

人们在不同的场所会使用不同的语体，请回答下面的各句话分别使用了哪些语体，以及应该用在哪些场合。

某人取得了一定的荣誉，得到别人的夸赞，他可以用三种方式回答：

（1）"嗨，别说得那么玄乎，还差得远呢！"

（2）“谢谢鼓励，我还有许多不足之处，我将继续努力！”

（3）“那只能代表过去，站在一个新的起点，我将开始新的拼搏！”

五、态势语言在生活中起着不可或缺的作用。

请举例说明在利用态势语言进行表达情感时，需要注意哪些问题。

六、开一个小型的主题班会，以“谁是我们班的幽默大王”为主题，看看谁的语言幽默能力强。

第二章

一般社交用语

随着年龄的不断增长，与人的交往也在渐渐增加。但是，有些同学由于平时参加的社交活动较少，非常缺乏在众多陌生人面前露面、讲话的经验，因而一说话就心慌意乱，语无伦次，词不达意，不能很好地控制自己的情绪，不能清楚地表达个人的意愿，进而影响了交际的效果。可见，在社会生活中，一般社交口语具有举足轻重的作用。具备较强的口语交际能力，有利于促进学生的思维发展，为他们终身的学习、生活和工作奠定基础。为此，我们要求学生通过训练，具有日常口语交际的基本能力，在各种交际活动中学会倾听、表达与交流。本章以介绍、日常交谈、应聘对话、艺术推销四个小节入手，来加强对学生的口语交际的训练。

一般社交口语通常具备以下几个特点：复杂多样的语气；通俗生动的词汇；简略活泼的句式；丰富多彩的修辞方式；态势语的配合。

一般社交口语的准则要求说话人要适合自己和交际对象的身份，适合交际环境的需要，适合交际方式以及交际对象的要求。

一般社交口语是听话、说话能力在实际交往中的应用。它包括交际过程中分析、综合、判断、推理、概括、归纳等思维能力；分析问题和解决问题的能力；实际操作能力和创造能力等。

学习目标

1. 掌握介绍的方法和技巧，能在不同场合得体地进行自我介绍。
2. 掌握日常交谈的原则，能与不同的人群进行日常交谈。
3. 掌握应聘对话时应注意的问题和技巧，能根据自己的情况和用人单位的要求，有效、得体地作自我介绍，能在应聘时脱颖而出。
4. 掌握艺术推销的技巧，提升推销中的口语表达技巧。

第一节　介　绍

在社交活动中，就相关人、物、事向一定群体作口头介绍，已经为越来越多的人使用。介绍，犹如一座桥梁，它能由此及彼，通向四面八方。比如，自我介绍或介绍他人，使人互相认识，这在社交中是必不可少的一个礼节。特别是自我介绍，短短几句话就能显示出介绍者的口才、见识，也会影响到他人对介绍者的评价，其中甚至潜伏着决定一生之舵的契机，会给人带来意想不到的收获。因此，无论在生活、工作、学习和社交中，介绍起着十分重要的作用。介绍分为自我介绍、介绍他人、居中介绍。自我介绍是将自己介绍给他人，介绍他人是向多数人介绍一个人，居中介绍是把对方介绍给第三个人。

一、介绍的内容

无论是哪种场合下的介绍，都可以根据实际情况的需要介绍以下内容：

（1）姓名。要清楚地报出自己的姓名，其中难写、易混的字，要作一定的解释。

（2）工作单位、职业与职务。这是为了让大家了解你的工作性质。

（3）籍贯或出生地。中国人很讲究认老乡，同乡认同感可以使在场的同乡与近邻产生亲切感，也可据此找到话题，活跃介绍时的气氛。

（4）毕业学校。这能使对方了解自己的文化层次，或许还能意外地发现校友、同窗，这对进入社交领域的人都大有好处。

（5）特长与兴趣、爱好。每个人都有不同的兴趣和特长、爱好。“嘤其鸣矣，求其友声”，兴趣相近的人容易得到彼此的认同。

（6）必要时要介绍经历、年龄。介绍经历可以让人更了解自己。至于年龄，要视交际环境而定，最好能以幽默的语言带出，中国人常以自己所属的生肖来委婉表述。

在介绍时，以上这些内容是否和盘托出，可根据交际的目的、场合、时限和对方的需要作出恰当的取舍。侧重点不同，介绍的内容就会不同。例如，在面试过程中，除了介绍自己的基本信息外，还可以适当地介绍一下自己的工作经历、工作经验；而当新进入一个集体时，就要侧重介绍自己的性格、特点和想法、愿望。比如，大家从四面八方汇集到了同一个班级，要进行自我介绍。小张同学面对大家这样说：“同学们好。我叫张莉，弓长张，茉莉花的莉，今年 16 岁。我性格开朗活泼，喜欢唱歌、跳舞。我愿意与所有的新同学友好相处，共同进步。”这个例子中，介绍者用准确、简洁的语言把自己介绍给了新的同学，既满足了他人的期望，又表明了自己的愿望，营造了和谐友好的交际氛围。

二、介绍的顺序

作为介绍者，为他人做介绍时，应先把晚辈介绍给长辈，把低位者介绍给高位者，把男士介绍给女士。介绍人做介绍时，应注意使用敬辞。

（1）把晚辈介绍给长辈。例如：

“李师傅，让我介绍一下，这是我的同事赵欣欣。”

（2）把低位者介绍给高位者。例如：

“林总经理，请允许我介绍，这位是我商业集团第一分公司现任经理张胜。”

（3）把男士介绍给女士。例如：

“王女士，我想请您认识一下张先生。”

（4）当把一个人介绍给一群人时，一般应介绍这个人的姓名等简要信息，然后按顺序依次介绍给人群中的每个人。

（5）介绍客人。把客人介绍给主人，把晚到的客人介绍给早到的客人。

三、介绍时的礼节

在进行自我介绍时应遵守以下礼节：

（1）应向对方点头致意，得到回应后再向对方介绍自己。

（2）进行自我介绍时应面带微笑，用“请允许我向您介绍……”等礼貌用语。

（3）有时，由于环境的限制，也可以通过递送名片加以辅助。

在为他人做介绍时需要遵守以下礼节：

1）介绍时的手势。应把手臂自然弯曲，掌心向上，并伸向被介绍一方。切忌用手指指点被介绍一方，或用手拍打被介绍一方的肩和背，特别熟悉的朋友除外。

2）介绍时的礼节。作为介绍者和被介绍者，都应主动表现出结识对方的热情，要正面对着对方，而且应该站起身来，若是在会议进行中或宴会等场合，可以不必起身，但也要微微欠身表示致意。

3）介绍后双方应相互握手问好。握手的时间与力度要适当。

4）若被介绍的人不止一人时，应从职位最高者开始按顺序一一介绍。

5）介绍完毕之后，介绍者不要随即离开，应为双方选择好共同的话题，当双方进入交谈的状态后，再离开。

四、介绍时应注意的问题

（1）镇定自若，落落大方。镇定才能从容不迫，自信才会取信于人。镇定自信出自于内，落落大方形之于外。特别是在社交场合中的自我介绍，更应从容自信，彬彬有礼，多一点微笑，多一分亲善，把寻求理解、友谊的意向传递到人们心中；切忌畏缩、呆板、冷漠，更不可摆架子或故弄玄虚。这样才能给听众一种值得信赖的感受和良好的印象。

（2）自我介绍及时、准确。当你进入新环境的时候，与陌生人初次见面时，必须及时、简要、明确地做自我介绍，说明来历，让对方尽快了解你。相反，如果见面时，相互凝视半天，你仍沉默或前言不搭后语，对方会很不愉快，甚至会产生许多疑问，从而导致不愿意与你交往。

（3）自我介绍时，首先要介绍自己的姓名、身份、单位，以便别人称呼。如果对方表现出结识的热情和兴趣，还可以进一步介绍一下自己的学历、专长、兴趣、经历等。

（4）语音清晰，语速适中。介绍时，必须让对方或在场听众听清楚，听明白。因此要发音准确、吐字清楚、声音响亮；不能含混不清、疙疙瘩瘩、低声嘟囔。讲话的速度应不紧不慢，缓急有度，不可连珠炮似的抢说，也不能拉长声调，拖泥带水。

（5）掌握分寸，注意详略。既不能夸大失实让人怀疑，也不必有意贬低，违背介绍意图，而应恰当地掌握分寸，同时还要根据介绍的目的以及临场情况、时间要求来决定介绍的详略，把最有价值的信息传递给对方。

（6）幽默生动，辅以表情。介绍中，如能运用生动活泼、风趣而又富于幽默感的语言，就能使听众产生更深刻的印象，也比较容易引起人们的好感和认同。在介绍过程中，要配以恰当的态势语，表现出亲切、坦诚的神情，避免不良的习惯动作和口头禅，从而在祥和、轻松的气氛中把信息传递给听众。

介绍中最常见的是自我介绍，下面我们一起体会一下自我介绍的含义及注意事项。

自我介绍是交际场合中常用的介绍方式，如求职或到一个新的环境中，自我介绍在某种意义上可以说是打开与人交往大门的钥匙。人们初次见面，彼此都会多多少少有一种想要了解对方的愿望，都有一种想要被人重视和被人尊重的心理。

1. 自我介绍的分类

根据介绍人的不同，自我介绍可以分为主动型自我介绍和被动型自我介绍两种类型。

（1）主动型自我介绍。在社交活动中，想要结识某人却无人引见的情况下，就可在适当的时候，自己充当介绍人，将自己介绍给对方。这种自我介绍叫做主动型自我介绍。

（2）被动型自我介绍。在社交活动中，应其他人的要求或请求，将自己某些方面的情况进行自我介绍。这种自我介绍就称为被动型自我介绍。

2. 自我介绍的不同场合

（1）与不相识者相处一室。

（2）不相识者对自己很有兴趣。

（3）他人请求自己作自我介绍。

（4）在聚会上与身边的陌生人共处。

（5）打算介入陌生人组成的交际圈。

（6）初次登门拜访不相识的人。

（7）前往陌生单位，进行业务联系时。

（8）遇到秘书挡驾，或是请不相识者转告。

（9）初次利用大众传媒，如报纸、杂志、广播、电视、电影、标语、传单向社会公众进行自我推介、自我宣传时。

（10）利用社交媒介，如信函、电话、传真、电子信函与其他不相识者进行联络时。

3. 自我介绍的方式

（1）应酬式的自我介绍。这种自我介绍方式最简洁，只需说出姓名即可。如：“您好！我叫李俊。”这种介绍适合于一些公共场合和一般性的社交场合，如途中邂逅、宴会现场、舞会、通电话时。介绍的对象主要是一般接触的人。

（2）工作式的自我介绍。这种自我介绍包括本人姓名、供职的单位及部门、担负的职务或从事的具体工作等内容，又叫工作式自我介绍。以下三要素，通常缺一不可。

1）姓名。应当一口报出，不可有姓无名，或有名无姓。

2）单位。供职的单位及部门，如可能，最好全部报出，具体工作部门有时可以暂不报出。

3）职务。担负的职务或从事的具体工作，有职务最好报出职务，若职务较低或者无职务，则可报出目前所从事的具体工作。如：“我叫梁为，是晶美公司财务部经理。”

（3）交流式的自我介绍。这种自我介绍是希望对方能认识自己、了解自己，与自己建立联系，因此主动寻求与交往对象的进一步交流与沟通，也叫社交式自我介绍或沟通式自我介绍。主要介绍包括本人的姓名、工作、籍贯、学历、兴趣以及与交往对象认识的某些熟人的关系等。如：“我的名字叫钟林佳，是正大公司的公关部经理。我和您夫人是大学同学。”

（4）礼仪式的自我介绍。这是一种表示对交往对象友好、带有敬意的自我介绍，适用于讲座、报告、演出、庆典、仪式等正规的场合。内容包括姓名、单位、职务等。自我介绍时，还应多加入一些谦辞、敬语，以示自己对交往对象的尊敬。如：“女士们、先生们，大家好！我叫王虎，是精英文化公司的总经理。值此之际，谨代表本公司热烈欢迎各位来宾莅临指导，谢谢大家的支持。”

（5）问答式的自我介绍。针对对方提出的问题，作出自己的回答。这种方式适用于应试、应聘和公务交往。在普通性交际应酬场合，它也时有所见。举例来说，对方发问：

“这位先生贵姓?”回答:“免贵姓张，弓长张。”

(6) 求职自我介绍。单位在进行招聘面试时，通常要求应聘人员首先介绍一下自己，以便对应聘人员有一个大概的了解。在进行这种自我介绍时，要把握好时间，言简意赅地把自己的基本信息、工作经历和经验、技术能力介绍清楚。

下面是自我介绍的实例:

例文一:

“我叫高鹏飞，父母希望我如大鹏展翅，扶摇高飞，我也希望我们这个团队能乘风而上，奋勇飞翔。”

例文二:

“我叫章立，立早章，站立的立，我爱唱歌、跳舞，性格开朗，喜欢结交朋友，我希望通过努力，能早早地站立在同学们心中。”

例文三:

“我叫李果，就是咱老李家的一个果。在我之前，我父母一连生了三个姐姐，到我出生，终于又开花又结果了。可惜我这颗果子又瘦又矮，但我可是跆拳道黑带高手。”

【简析】这三则自我介绍都是借助名字的谐音来进行的，这种介绍方法给人直观的印象，能使人在短时间内就记住介绍者的名字。

例文四:

一位工人诗人这样描述自己:“一个胸藏锦绣的黑脸大汉，一个朋友如潮的孤独者，一个人人说他自信、幽默而他内心却时时产生危机感的年轻人，这就是我，刘长青，爱诗歌的大桥工人。”

例文五:

配音演员于民这样自我介绍:“我可以这样说话——(瓮声瓮气地)‘猴哥，哪儿有妖怪呀!’我也可以这样说话——(尖声尖气地)‘八戒，她就是妖怪!’我还可以这样说话——(女声女气地)‘长老，你快救救小女子。’以上是我，配音演员于民的说话方式。”

例文六:

林肯向选民这样介绍自己:“有人写信问我有多少财产。我有一个妻子和三个儿子，都是无价之宝。此外，我还租有一个办公室，室内有办公桌一张，椅子三把，墙角还有一个大书架，架上的书值得每个人一读。我本人既穷又瘦，脸形很长，不会发福。我实在没有什么可依靠的，唯一可依靠的就是你们。”

例文七:

喜剧表演艺术家王景愚的自我介绍:“我就是王景愚，表演《吃鸡》的那个王景愚。人称我是多愁善感的喜剧家，实在是不敢当，只不过是个‘走火入魔的哑剧迷’罢了。你看我这 40 多公斤的瘦小身躯，却经常负荷许多忧虑与烦恼，而这些忧虑与烦恼，又多半是自找的;我不善于向自己敬爱的人表达自己的敬与爱，却善于向憎恶的人表达憎与恶，然而胆子并不大。我虽然很执拗，却又常常否定自己。否定自己既痛苦又快乐，我就生活在痛苦与快乐的交织网里，总也冲不出去;在事业上，人家说我是敢于拼搏的强者，而在复杂的人际关系面前，我又是一个心无灵犀、半点不通的弱者，因此在生活中，我是交替扮演强者和弱者的角色。”

【简析】以上四则自我介绍是描述型的自我介绍，分别从自己的外貌、声音、形象、家庭情况等进行了介绍，其中不乏自我调侃的意味，但是形象生动，让人觉得回味无穷的同时又留下了深刻的印象。

例文八：

您好，我叫张健，健康的健。我生在南京，长在南京，所以希望能够为南京的发展尽一份微薄之力。作为一名汽车运用与维修专业的中专学校的毕业生，我认为自己在汽车专业知识和技能方面比较有优势。我中专二年级的时候参加了学校汽车维修特训班的学习，在实训中学到了很多专业知识，并代表学校参加了全国中等职业学校汽车应用与维护技能大赛，获得金奖。在每年的寒、暑假，我都到汽车维修厂实习，遇到问题向老师傅虚心请教。我对待工作非常负责，不亚于全职员工。有两次遇到故障车的电路问题，在师傅的指导下，我连续 24 小时不睡觉，直到把问题解决。这种经历大大提升了我的专业素质和专业技能。这段实习经历也让我了解到，现在汽车维修行业最缺乏那种既懂得传统的机械维修技术，又能掌握现代电子维修技术的人才。所以，中专二年级时我通过了成人高考，目前正在修读大专的课程。今年 5 月，我取得了市劳动局颁发的高级技工证书。

贵单位是全市的知名企业，能够给我这次面试的机会，让我深感荣幸。所以，无论今天我是否能够面试成功，我都要先说一句，谢谢您给我这次面试机会！

【简析】因为是家乡的企业招聘，所以一开场就利用家乡做了一个快速的互动。其后，直接说出自己的优势，所有的优势都是围绕着自己的专业知识，没有废话，干净利索。结尾处体现了自己诚恳的态度，谦虚而且真诚。

例文九：

新同学张浩非常爱好书法，于是就请高年级的同学袁小宇介绍自己参加书法协会，袁小宇将张浩领到书法协会会长面前，边拍着他的肩膀边介绍说："赵坤，我给你介绍这位哥们，他叫张浩，字写得很好，在我们学校发表过很多作品，不过就是五音不全，一唱歌就跑调。"接着，袁小宇对张浩说："他就是书法协会的会长，叫赵坤，别看他是会长，但是字不一定比你写得好，你有什么想法，可以直接和他说，我还有事，你们聊吧，我先走了。"说完，袁小宇转身就走了，留下赵坤和张浩两个人，不知所措，非常尴尬。

【简析】这是一则为他人做介绍的不成功案例。首先袁小宇没有征得赵坤的同意就将张浩介绍给他，使赵坤没有足够的心理准备，被动地接受为其介绍的陌生人。其次，袁小宇的介绍语气过于生硬，没有礼貌用语，并且在介绍的过程中，分别揭"短"，让原本就不熟悉的双方更显尴尬。再有，袁小宇介绍完就马上离开了，使双方无法进行交谈，他应该待双方进入话题之后再离开。可见，不得体的介绍不仅不能营造和谐的谈话气氛，还会让被介绍的双方陷入尴尬的气氛。

第二节　日常交谈

交谈是社交活动的重要手段，它是两人或两人以上为实现交流思想、沟通感情、互通信息、协调行为等目的而采用的口语表述活动，是人际交往中最常见的、最根本的交流方式。交谈是传递信息情感、增进了解、加深友谊的一种工具。但是在日常生活中，要想把话说好却不是一件容易的事。

一、日常交谈的特点

（1）双向互动。交谈的双方互为发言者，围绕着同一个话题，进行互动。在一说一听，一问一答的过程中完成交谈，达到目的。这需要双向互动，相互配合。

（2）口语化特征明显。交谈过程中，双方彼此都明确交谈的目的和内容，所以常使用省略语、口头语或态势语言作为回答或补充说明。有时也会随着交谈的进行，时常转移不同的话题。

二、情感态度

在日常交谈中，要使每次交谈都进行得和谐融洽，并非易事。因此要注意与人交往时的情感态度。

（1）真诚。古人言："诚者，事之始终。"让与你交谈的人感到你所说的都是发自内心的、真诚的。

（2）尊重。"敬人者，人恒敬之。"只有尊重别人，才能博得人们对自己的尊重。互相尊重，才能为交谈创造愉快和谐的气氛。

（3）热情。热情是亲切交谈的前提，交谈要沟通感情、交流思想，热情是很重要的。

（4）关心。人的友谊，常常是从相互关心建立起来的，不关心他人的人，无异于把自己封闭起来，是得不到别人的同情和友谊的。

（5）善解人意。这是使交谈融洽起来的重要一环。将心比心，设身处地为他人着想。希望别人理解自己，就得理解别人。

三、日常交谈的方法

1. 引人入胜的开场白

一般在交谈过程中，第一句开场白是最不容易的。因为第一句话决定着与人交往的深浅度，第一句话说得好，能营造好的交谈气氛，反之，就会失去深入交谈的机会。如果是非常熟悉的人，那么可以直接进入主题，如果是陌生人，不熟悉对方，对对方的了解不多，这时就不宜冒昧地提出问题。例如，李芳去参加一个同事的生日聚会，在聚会上，遇到了一位以前相识但没有交谈过的王利。李芳从容走上前去，彬彬有礼地说："您好！听说您和今天的寿星是老同学？"王利高兴地点点头说："您是？""我是寿星的同事，很高兴能够认识您！今天真是个好日子，不但能给同事祝寿，还能结交一位朋友，难得。"就这样，王利对李芳产生了好感，也就会迎合李芳的话题，两人聊得非常愉快。

另外，交谈时的地点不同，选择的话题也不应相同。举个例子，两个年轻人在火车上同坐在一排，其中一个人首先问另一个人："你这是去哪呀？""云南，你呢？""我也是，你是去云南旅游吗？""是的，你也是去旅游吗？""对呀！我也是去旅游。"……两个人就旅游的话题展开了热聊。一句好的开场白能迅速拉近人与人之间的距离，为顺利交流打开通道。

交谈的第一句话起着决定性的作用，是叩开对方心扉的敲门砖，但是不能胡乱吹捧。在开口之前一定要三思。如果不能做到有十足的把握，可以直接使用"您好！"等问候语。

2. 投其所好，引发话题

人的交往，大多从相识到相知，从陌生到熟悉。交谈最好的途径就是了解对方的兴趣，然后投其所好，选择适当的话题、口吻和用语习惯。这样，才不致“话不投机半句多”。对方感到谈得来才有话可说。话要投机，必须扣住对方的喜怒哀乐、爱憎等关键点来交谈。比如说，一个单位的女打字员，平时特别注重自己的外貌和穿着，但对工作却不是很上心，经常出现错误。有一次，一个科室要打印非常重要的材料，这个科室的办事人员来到这位女打字员的办公室，一进门便对她说：“你今天穿的衣服真是好看。”这位女打字员听了，非常高兴，于是聊起这件衣服的款式和价格等。这位办事人员用赞同的语气说：“我想你今天的工作也一样能够干得漂漂亮亮的。”结果这位女打字员高兴地接受了工作。这个小例子说明，先迎合别人的需求，从而达到自己的需求。一般来说，刚刚发生的社会问题、新闻轶事，较受各层次的人欢迎。而对陌路相逢的人，则应以周围的事物来引发话题。熟人间有些话题，如有求于人，有时难以启齿，则应先创造一种融洽的气氛，或先借“境”发挥，然后再“因势利导”转入正题，这样才不致唐突。

3. 委婉得体，谈吐文明

在交谈中，有些话不宜直截了当地说，有些话要改用某种方式说，这些都要善于鉴别，把握分寸。同时要学会委婉的表达，如反驳人家的意见，用“这不错，我更喜欢……”“我的看法可能不对，不过……”，就比武断、生硬地直接说出来要好。又比如“谁？”——“哪一位？”；“不来！”——“对不起，不能来”；“不干了！”——“很抱歉，我不能做”；“不行就算了！”——“有困难的话就不麻烦你了！”上面这几组说法，显然后者比前者讨人喜欢。交谈中，不宜对人多发议论，在公众场合，对别人的短处说三道四的同时也恰好露出自己的“短”来；打听别人的隐私，说破别人的秘密，只能惹人反感；随便询问人家的履历、婚姻、经济收入、衣饰价值，只能说明自己缺乏教养；长话短说、淡言显义要比啰唆繁琐、高谈阔论高明得多。而有教养的人，总是尊重别人的意见，但不盲从附和；适当称赞对方，但不过分讨好；尊重上级领导，但不奉承谄媚。

4. 留有余地，通情达理

说话留有余地是一门艺术。这既是今后交往的需要，也是实事求是对待朋友的态度。如答应别人办事，即使很有把握，但世事变幻莫测，也未必要“一锤定音”，不如说“我当尽力办”；求别人办事，可说：“这件事确实难办，麻烦你试试，实在不成，也不要紧”，这样显得更有诚意；与陌生人交往，未必事事都实情相告；拒绝代人办事，往往是出于“心有余而力不足”，也需用含蓄、暗示、转移、推及他人等办法，适当婉拒；表扬人、批评人、调解冲突、应付尴尬局面、协调不满情绪，都涉及语言艺术问题，都宜留有余地。

5. 留意倾听，见机插话

交谈中，要会说，还须会听。古人常说：“练耳先练心。”只有心神专注，才能从对方的话语中捕捉到准确的信息。目光要与对方交流。美国前总统尼克松对周恩来总理留有深刻的印象，他回忆与周总理会晤的情况时说：“在听我讲话时，他的头总是侧向一边，两只眼睛紧紧注视着我。”

如果几个人交谈，还须顾及在场的每一个人。用微笑、点头、偶尔问话，不时以“噢”“唔”“是吗”等话语陪衬，刺激别人的谈话兴趣。要留意对方说话的内容、声调、神态，判断对方的心态，发现对方的暗示，同时思考自己要说的话。如果要插话，则应在对方说话的间歇，先简短地说出“让我插一句”“请允许我打断一下”“请让我提个问题好吗”；如果发现对方已无交谈兴趣，则应及时结束或转移话题。结束交谈时要给对方留下一个愉快的印象。

古希腊哲学家苏格拉底有一句名言：“自然赋予我们人类一张嘴、两只耳朵，就是让我们多听少说。”因此，在倾听对方说话时，要耐心恭谨，宽容体贴对方，达到彼此心灵融通。

6. 礼貌用语，必不可少

礼貌是获得别人尊重的前提。礼貌能够体现一个人的教养和素质。我们在大街上通常会遇见有人问路这样的事情。有礼貌的人会这样问：“您好，对不起，打扰一下，请问×××路怎么走？”遇到这样的情况，被问路的人通常都能够很热情地给指路。但没有礼貌的人会这样问：“喂，喂，喊你呢！知道不知道×××路怎么走？”在这种情况下，被问路的人通常会很不高兴，即使知道这条路怎么走，也会不愿意告诉。如果想使交际双方都产生好感，就要多使用礼貌用语。比如：“请”“谢谢”“您好”等。

四、交谈要注意三个要点

1. 分清对象

说话要看对象，不能对牛弹琴，这是常识。对交谈对象的年龄、性别、职业、思想、爱好、文化水平、经历……都应有个大概的了解或估计。与年轻人闲谈时可以聊一些时尚、轻松的话题；与老年人闲谈时可以聊一些社会家庭问题、健康话题等。另外，分清交谈对象还要注意交谈对象与自己的关系和交往的亲密程度。关系、辈分、亲疏不同，交谈的言语、音调、方式方法也应有所区别。

2. 注意场合

要区别语言环境，包括时间、地点、条件、氛围等。交谈的语言一定要与语言环境和谐一致，在必要的时候说必要的、合适的话，有的话，非其人，自不必说；得其人，非其境也不宜说。在正式的场合交谈用词要规范、准确、完整、庄重、正式。在非正式场合交谈，可以轻松、自然，随意一些。

3. 谦恭的态度

愉快的交谈离不开谦恭的态度。交谈双方用谦逊、礼貌的态度进行交谈，有助于营造和谐愉快的交谈气氛，促进交谈的顺利进行。

五、灵活运用交谈技巧

1. 机智应对，宽泛模糊

在某些交谈中，有些话不需要说得太明确或太死，要给自己的话留有余地，以便在突发情况下无懈可击，这就需要借助宽泛模糊的语言。可以使用“大约”“前后”“方便”“可能”等模糊语言。比如，朋友想去你家做客时，你自己无法确定具体时间，又不能直接拒绝，就可以说：“大约端午节左右，我有时间，到时我会提前给你打电话的。”

2. 巧妙应对，转换话题

与人交谈时，不免会遇到一些冷场或尴尬的情形。这就需要我们巧妙地转换话题。比如，冷场时，你可以提问：“这是为什么呢？”“那我们怎么办呢？”等，这样就把话语权转移给了对方，避开冷场。或者当出现危急状态时，也要立即转换话题，巧妙转移话题。例如，三国时，曹操与刘备饮酒。曹操以手指刘备，后自指，曰：“今天下英雄，惟使君与操耳！”刘备闻言，立时一惊，手中所持筷子（箸）不觉落在地上。正值大雨将至，雷声大作。刘备乃从容俯首拾箸曰：“一震之威，乃至于此。”将闻言失箸之态，轻轻掩饰过了。操遂不疑刘备。这个事例，刘备在惊慌落箸之后，机敏地巧用天气变化，把谁是英雄的话题岔开，转移了曹操的注意力，才化险为夷。

3. 结构相仿，意义相对

日常生活中，我们希望每次交谈都能够和谐、愉快。但是在有些情境下，对一些无理取闹或不懂礼貌的人，也要有良好的语言应变能力。举个例子，有一天，歌德在魏玛公园散步。在一条只能过一个人的过道上，他迎面遇到了曾经对他的作品提出过尖锐意见的批评家。这位批评家高声喊道：“我从来不给傻瓜让路！”歌德听过立即说：“而我则恰恰相反！”边说边微笑着让在一旁。再举一例，1982 年秋天，我国作家蒋子龙到美国洛杉矶参加一次中美作家会议。在一次宴会上，美国诗人艾伦·金斯伯格请蒋子龙解个怪谜：“把一只五斤重的鸡装进一个只能装一斤水的瓶子里，您用什么办法把它拿出来？”蒋子龙略加思索，答道：“您怎么装进去，我就怎么拿出来。您显然是凭嘴一说就把鸡装进了瓶子，那么，我就用语言这个工具再把鸡拿出来。”金斯伯格说：“您是第一个猜中这个谜的人。”

话要说得好，脑筋要灵活。口才，是一个人综合素质的体现。这几则妙例中，交谈应对的技巧得到了充分的发挥。特别是答话人思维敏捷，应对灵活、得体，均可为我们借鉴。

4. 勿揭人“短”，伤及他人

在日常交谈中，人与人的交流日益频繁，交流的话题也日益广泛。在交流的过程中，要顾及对方的情绪，不能伤人自尊心。举一例子，一次，单位里的一个同事穿了一件新衣服，其他同事称赞“漂亮”“好看”“得体”之类，而一旁的小王却说：“我觉得这种款式不太适合你，你肚子有点大，这个款式显得你的腰部很紧。”听到这句话，这个同事的脸立即变得阴沉起来。人世间没有十全十美的人，谈话时要极力避免揭别人的短处，否则不仅使对方的尊严受到伤害，也让自己给人留下不好的印象。

例文一：

一次校友聚会，李芳想结识一位仰慕已久的学长。而此时这位学长正独自一人坐在桌旁，李芳便走上前去。首先，李芳向学长点头致意，并说道：“你好，请问有时间吗？我想打扰几分钟。”得到对方的回应后，李芳接着说：“请允许我作一下自我介绍。我是咱们学校金融专业 05 级的李芳，木子李，芬芳的芳。很高兴认识你，请多关照！”

学长积极回应：“你好，我叫刘林。咱们一个专业呀，很高兴认识你。”

【简析】李芳与学长是初次见面，她的自我介绍简要得体，第一句开场白采用了征询的形式，并注意使用了相关交际礼仪，如先问好，运用了“你好”“你有时间吗？”等谦辞，得到对方的回应以后才介绍自己的基本情况，最后以“请多关照”表示自己希望结识对方的意愿，表现出应有的礼貌。学长的回应也很恰当，除运用了礼貌用语“你好”“很高兴认识你”以外，还巧妙地说明了自己与李芳学的是同一专业，找到了与李芳进一步交谈下去的话题。

例文二：

为了参加学校即将举行的流行歌曲大奖赛，小丽每天晚上练习唱歌到很晚。这天，小丽在楼梯口遇到了邻居李叔叔和王阿姨，王阿姨对她说："你可真刻苦呀，晚上 12 点多了，还能听到你美妙的歌声呢。"小丽马上谦虚地说："阿姨过奖了，我还差得远呢，还需要努力。"说完就去上课了。晚上，小丽回到家已经是 9 点多钟了，她打开音响，练习起唱歌来。第二天，王阿姨找到小丽，满脸不高兴地说："昨天不是已经对你说了吗？你怎么还唱到这么晚？让邻居怎么睡觉呢？"小丽不解地说："您没有对我说呀！"李叔叔说："听话听声，锣鼓听音，你难道真的以为我们在夸你吗？"小丽这才意识到自己的错误，忙向王阿姨道歉。

【简析】王阿姨第一次与小丽的对话，已经明显地流露出批评的态度：你练习唱歌练得太晚，影响了邻居休息，只是碍于情面没有直说而已。可是小丽却没有听出言外之意，还是误以为她在表扬自己，这才导致后面的正面交锋。所以，在倾听时应该认真辨别对方的言外之意、弦外之音，才不至于误解对方的意思。

例文三：

周末，陈振对李明和张伟说："又到周末了，不用上晚自习，咱们可以放松放松，去歌厅唱卡拉 OK 吧，我请客。"李明说："你的主意真不错！上了一周的课，的确很辛苦，是该放松放松。不过，关于进'三室一厅'的事，学校好像有相关的规定吧？再说，我也不喜欢去歌厅唱歌，那儿太嘈杂了。我更喜欢一个人安安静静地听听音乐，那才有情调呢！我家的音响效果不错，我刚买了两张新专辑，怎么样，去我家听听音乐？"陈振若有所思地点点头，张伟趁热打铁，接着说："要不，咱们先去打球，出一身汗，然后再去听听音乐，彻底放松放松！"陈振开心地说："就这么办！还是你们的主意好！"

【简析】对于陈振的邀请，李明和张伟都采取了委婉的方式加以拒绝。李明先肯定了陈振的"主意真不错"。转而用旁敲侧击的方法，提醒陈振应遵守学校的有关规定，表明了自己拒绝的态度和理由。可见，先顺其意，后说拒绝，再提建议，不失为一种有效的拒绝方法。张伟也采取提出一个新建议的方法，既表明了自己拒绝的态度，又完善了李明的提议。

例文四：

李老师是一位责任心很强的英语老师，学生们都很喜欢上她的课。但是，李老师每次下课都会布置很多的作业。同学们对此有些意见，要求英语课代表向老师提一下建议。英语课代表徐超来到办公室，正好李老师一人在办公室改作业，便敲了敲门。

"李老师，您好！我可以进来和您谈谈吗？"

"当然可以，请进来吧。"

徐超微笑着指了指老师桌上堆积的作业本，说："老师真辛苦，每天除了上课外，还要改这么多的作业，一定很累吧？"

"累累累，但是只要你们有收获，老师再辛苦也值。"

"能跟着您这样敬业的老师学英语，真是我们的幸福，同学们可喜欢听您的课了。不过，如果您少布置一些作业，不就可以轻松一点了吗？同学们也可以不因作业太多而开夜车了。"

"同学们觉得英语作业太多吗？"

"您可能没想到吧，我们还要做其他学科的作业呢。所以我才……"

"我知道了，谢谢你的提醒，我会注意的。"

"谢谢老师!"

【简析】徐超是代表同学们向老师反映意见的，所以选择了只有李老师一人在办公室的时机，并在征求老师的允许后才走进办公室，表现出应有的礼貌。为了进一步营造宽松和谐的交谈气氛，徐超采取了侧面迂回的方法：先以老师要改很多作业，因此非常辛苦为谈话的切入点，激起老师谈话的共鸣；接着赞扬老师敬业的精神，使老师能心情愉快地听他后面的话；然后才委婉地反映同学们的意见，这就水到渠成地达到了交流的效果。

第三节 应聘对话

应聘对话是用人单位与应聘者通过对话考核招聘人才而采用的方式。应聘对话实际上是一个在短时间内让陌生人认可你的过程。如何才能在激烈的竞争中脱颖而出呢？这时语言交际能力显得尤为重要，如果能发挥自己的语言能力，在应聘对话中展示自己各方面的才能，就能够成功获得迈向工作岗位的机会。

一、应聘对话的基本技巧

1. 态度诚恳，充满自信

在应聘对话中要体现出诚恳的态度和自信的言谈。应聘的核心内容是推销自我。如何适时适度地把自己的能力、潜能显示出来，在自我介绍中是很有重要的。首先，你所述的个人经历应尽量与你所应聘的单位相联系。在谈个人经历时，你应从以往的经历中找出合乎应聘单位要求的方面，进行重点叙述，顺水推舟地把自己的优点与长处表现出来。其次，找出你真正的优点来，并大胆地说给对方听。如果面试官提出："请谈谈你的优点吧！"你万不可畏缩不前。因为说不出自己优点的人，多半会被认为缺乏自信心，缺乏自我分析的能力，所以必会被淘汰。

2. 敢于说服，拉近距离

如果在应聘时，招聘人员提出你是否愿意去外地的分公司上班这样的问题，而你并不想去，但又不想失去这个工作的机会，那么你可以说服对方，说服时要注意，第一要抓住有利时机进行说服，第二要拿出可行性方案来进行说服，第三要把主管人当作朋友来说服。总之，当你在与招聘人员交谈时，千万不可有生硬和陌生的表情出现，你应当表现出你是一个非常随和、善谈、易于结交的人，从而拉近你与面试官的距离，让交谈充满热情和愉快。

3. 用词准确，避免错误

应聘者与招聘者进行对话时，应注意一次性准确地回答问题，减少错误，避免反复改正，否则会给招聘者留下不谨慎的印象。如说错话、问题太难，甚至涉及自己隐私等，这时候说话更要讲究技巧。对于偶尔发生的错误不必耿耿于怀。当你说错话后，心里不要总想着这事，应该继续回答问题。在无法抓住问题核心时，应该使用缓兵之计。技巧在于：你可以先起个开头，然后在讲开头时，想第二点，讲第二点时想第三点。真不懂的问题，要果断地说不知道。坦然承认自己对某个问题不明白，不会影响面试官对你的印象，反而会使对方产生良好的印象。千万别吹牛，不懂装懂。遇到涉及个人隐私的问题时，不可生气，而应该保持沉着冷静，避开问题，用委婉的语言拒绝回答，如："这是我的个人隐私，我暂时不能回答你，请问能否改个时间我们再谈？"

4. 态势语言，表露信息

无论口头语言表达得多么丰富，人们的身体语言也会在同时传播某些信息。当你与招聘者谈话时，你应将视线放在对方的动作上，对方的某些身体语言会暗示出他的心理活动。主考官不耐烦时，他会做些漫无目的的动作。例如，随手玩弄桌上的物品或在桌上敲指头，当你发现这一现象时，就该设法转移话题，改变一下现状。或者当主考官的目光没有正对你，左顾右盼时，表示他对你不太感兴趣，心神不宁，此时你不应再滔滔不绝，而应该马上总结你的谈话，让他向你提问。

5. 注意举止，彬彬有礼

注意面试中的良好仪表和行为举止。仪表、礼貌、态度是面试中十分重要的因素，它不仅反映出你的人品、性格、教养、文化水平等，而且直接影响招聘人员对你的印象，从而最终决定是否录取你。进门时不要紧张，应主动热情地向面试官打招呼问好，如"您好""您早"。这样可以营造出和谐的气氛。若无面试官的邀请，你切勿径自坐下。对方叫你坐下时，应表示感谢。坐下时要放松自己，但要坐得挺直，切勿弯腰弓背，不要摇摆小腿，不要挪动椅子的位置，不要把随身携带的皮包、物品等压在桌子上，东西应放在膝盖上面。双手保持安静，不要搓弄纸片或其他易分散注意力的物品。说话时眼睛要看着对方。如果招聘人员有二三位，要看着首席的那位。应等招聘人员提出结束面谈。不要在招聘人员未提出结束谈话前表现出浮躁不安、急欲离去或另赴约会的样子。最后结束时，谢谢招聘人员给予应试的机会，并礼貌地离开。

二、应聘对话应注意的问题

（1）占用时间太长。一般来说，招聘人员在进行招聘对话时，会对每个应聘人员规定一定的时间，在规定的时间内，要高效地将自己与应聘有关的内容呈现出来。若占用的时间过长，会影响招聘人员的其他工作，产生负面作用。

（2）说得太多。有的应聘者担心自己不能被录用，所以恨不得把自己从小到大的所有事情都要说一说。一些和当时招聘内容无关的零零碎碎的事情，会让招聘人员产生反感的情绪，反而淡化了自身的优点。

（3）理论性的语言过多。如果在应聘对话时，招聘人员提出让你现场做一个设计方案，那么就不要说 "如果怎么样""假如怎么样"之类的话语。这样会让招聘人员觉得你没有相应的才华，只是"华而不实"。

（4）不要夸大其辞。在应聘时，不要一时冲动，对招聘者提出的问题自我吹嘘。比如一位应聘者只是听过几节韩语课，便说自己精通韩语，结果招聘者拿出一份由韩语书写的合同，要求来翻译一下，应聘者却哑口无言。

（5）不认真对待提问。比如，一个人事经理根据应聘者的简历提出："你在上学时为什么选择国际贸易这个专业？"应聘者回答说："我当时的分数不是很高，能上个大学就可以了，所以就选择了这个专业。"这样回答问题显然表露出了其对自己的事情表现出不负责任的态度，给人感觉没有目标，没有个人理想和追求。

（6）对招聘者过多赞扬。招聘者在与应聘者进行应聘对话时，是要看应聘者是否符合其所招聘岗位的要求，而不是要招聘一个专门会拍马屁的人。比如，一位应聘者在谈话过程中，一直说诸如“对您仰慕已久”“对您很崇拜”等词语，反而会给人留下不好的印象。

三、常见问题及应对技巧

1. 请你自我介绍一下。

回答提示：一般人在回答这个问题时过于平常，只说姓名、年龄、爱好、工作经验，这些在简历上都有。其实，企业最希望知道的是求职者能否胜任工作，包括：最强的技能、最深入研究的知识领域、个性中最积极的部分、做过的最成功的事及主要的成就等，这些都可以和学习无关，也可以和学习有关，但要突出积极的个性和做事的能力，说得合情合理，企业才会相信。企业很重视一个人的礼节，求职者要尊重考官，在回答每个问题之后都应说一句“谢谢”，企业喜欢有礼貌的求职者。

2. 你觉得你个性上最大的优点是什么？

回答提示：沉着冷静、条理清楚、立场坚定、顽强向上、乐于助人和关心他人、适应能力强，具有幽默感，性格乐观和友爱。

3. 说说你自己有哪些不足。

回答提示：回答这个问题应该坦诚，但是要有所选择，可以选择一些与工作无关的不足之处，可以说说性格上的不足，如脾气比较急躁等。

4. 我们能够提供的工资待遇并不是很高，你是否能够接受？

回答提示：如果你能够去应聘，就说明你对这个单位的工资标准是有了一定了解的，所以这个问题实际上是招聘者对你提出的试探。回答时，要表示自己的薪酬一定会与自己工作表现相一致就可以了。

回答样本一：我对工资没有硬性要求，我相信贵公司在处理我的问题上会妥善合理。我注重的是找对工作机会，所以只要条件公平，我不会计较太多。

回答样本二：我希望公司能根据我的情况和市场标准的水平，给我合理的薪水。

5. 在五年的时间内，你的职业规划是什么？

回答提示：这是每一个应聘者都不希望被问到的问题，但是几乎每个人都会被问到，比较多的答案是“管理者”。但是近几年来，许多公司都已经建立了专门的技术途径。这些工作职位往往被称作“顾问”“参议技师”或“高级软件工程师”等。当然，说出其他一些你感兴趣的职位也是可以的，比如产品销售部经理，生产部经理等一些与你的专业有相关背景的工作。要知道，考官总是喜欢有进取心的应聘者，如果回答说“不知道”，或许你就会丧失一个好机会。最普通的回答应该是“我准备在技术领域有所作为”或“我希望能按照公司的管理思路发展”。

6. 如果你通过了这次面试，我们单位录用了你，但工作一段时间，你却发现自己根本不适合这个职位，你会怎么办？

回答提示：工作一段时间后，发现工作不适合自己，有两种情况：①如果你确实热爱这个职业，那你就要不断学习，虚心向领导和同事学习业务知识和处事经验，了解这个职业的精神内涵和职业要求，力争减少差距；②如果你觉得这个职业可有可无，那还是趁早换个职业，去发现适合你的、你热爱的职业，那样你的发展前途也会比较好，对单位和个人都有好处。

7. 谈谈你对跳槽的看法。

回答提示：①正常的“跳槽”能促进人才合理流动，应该支持。②频繁的跳槽对单位和个人双方都不利，应该反对。

8. 请说出你选择这份工作的动机。

回答提示：这是想知道面试者对这份工作的热忱度及理解度，并筛选掉因一时兴起而来应试的人，如果是无相关经验者，可以强调“就算岗位不同，也希望有机会发挥之前积累的经验”。

9. 最能概括你自己的三个词是什么？

回答提示：我经常用的三个词是：适应能力强，有责任心和做事有始终。结合具体例子向主考官解释。

10. 你的业余爱好是什么？

回答提示：找一些富于团体合作精神的例子。举一个真实的故事：曾有应聘者被否决掉，因为他的爱好是深海潜水。主考官给出的理由是，“因为这是一项单人活动，我不敢肯定他能否适应团体工作。”

11. 喜欢这份工作的哪一点？

回答提示：每个人的价值观不同。自然评断的标准也会不同。但是，在回答面试官这个问题时，不可太直接地就把自己的心里话说出来，尤其是薪资方面的问题，一些无伤大雅的回答也是不错的考虑，如交通方便，工作性质及内容颇能符合自己的兴趣等都是不错的答案，不过如果这时自己能仔细思考出这份工作的与众不同之处，相信在面试上会大大加分。

12. 说说你对行业、技术发展趋势的看法。

回答提示：企业对这个问题很感兴趣，只有有备而来的求职者能够过关。求职者可以直接在网上查找所申请的行业部门的信息，只有深入了解，才能产生独特的见解。企业认为最聪明的求职者一定是对所面试的公司预先了解很多的，包括公司各个部门的发展情况，在面试回答问题的时候可以提到所了解的情况，企业欢迎加入企业的人是“知己”，而不是“盲人”。

13. 对工作的期望及个人发展目标是什么？

回答提示：这是面试者用来评断求职者是否对自己有一定程度的期望、对这份工作是否了解的问题。对于工作有明确工作目标的人通常学习较快，对于新工作自然较容易进入状态，这时建议你最好针对工作的性质找出一个明确的答案，如业务员的工作可以这样回答：“我的目标是能成为一名优秀的业务员，将公司的产品广泛地推销出去，达到最好的业绩成效；为了达到这个目标，我一定会努力学习，而且我相信，以我认真负责的态度，一定可以达到这个目标。”其他类的工作也可以比照这个方式来回答，只要在目标方面稍微修改一下就可以了。

14. 说说你的家庭。

回答提示：“我很爱我的家庭，我的家庭一向很和睦，虽然我的父亲和母亲都是普通人，但是小时候，我就看到父亲起早贪黑，每天工作特别勤劳，他的行动无形中培养了我认真负责的态度和勤劳的精神。我母亲为人善良，对人热情，特别乐于助人，所以在单位人缘很好，她的一言一行也一直在教导我做人的道理。”企业相信，和睦的家庭关系对一个人的成长有潜移默化的影响。

15. 你欣赏哪种性格的人？

回答提示：诚实、不死板而且容易相处的人，有实际行动的人。

16. 你通常如何处理别人的批评？

回答提示：“沉默是金，不必说什么，否则情况更糟，不过我会接受建设性的批评。”

17. 怎样对待自己的失败？

回答提示：“我们大家生来都不是十全十美的，我相信我有第二次机会改正我的错误。”

18. 什么会让你有成就感？

回答提示：“为贵公司竭力效劳，尽我所能，完成一个项目。”

19. 眼下你生活中最重要的是什么？

回答提示：“对我来说，能在这个领域找到工作是重要的，能在贵公司任职是最重要的。”

20. 你和别人发生过争执吗？当时你是怎样解决的？

回答提示：这是面试中最险恶的问题，其实是考官布下的一个陷阱，千万不要说任何人的过错，应知成功解决矛盾是一个协作团体中成员所必备的能力。假如你工作在服务行业，这个问题就是最重要的一个环节。你是否能获得这份工作，将取决于这个问题的回答。考官希望看到你是成熟且乐于奉献的。他们通过这个问题了解你的成熟度和处世能力。在没有外界干涉的情况下，通过妥协的方式来解决才是正确答案。

21. 如果我录用你，你将怎样开展工作？

回答提示：“首先听取领导的指示和要求，然后就有关情况进行了解和熟悉，接下来制订一份近期的工作计划并报领导批准，最后根据计划开展工作。”

22. 你离开前一家公司的原因是什么？

回答提示：除非是薪资太低，否则不要用薪资作为理由。“求发展”已被考官听得太多，离职理由要根据每个人的真实离职理由来设计，但是在回答时一定要表现得真诚。实在想不出来的时候，若家在外地，可以说是因为家中有事，须请假几个月，公司又不可能准假，所以辞职，这个答案一般面试官还能接受。

23. 怎样看待学历和能力？

回答提示：一个人工作能力的高低直接决定其职场命运，而学历的高低只是进入一个企业的敲门砖，如果贵公司要求学历为博士，我就无法进入贵公司，当然这不一定只是我个人的损失。如果是一个专科生都能完成的工作，您又何必非要招聘一位博士生呢？

例文一：

某小学准备招聘一位美术老师，来应聘的人很多。

在进行自我介绍时，张林自豪地说：“我是××大学的优秀毕业生，在省美术比赛中获过二等奖，我想，当一个小学美术教师应当绰绰有余的。”

陈华说：“我是××艺术学院的学生，刻苦好学，成绩优秀，在市级雕塑比赛中获得过一等奖，指导学生搞雕塑是我的强项。我相信，像我这样条件的人，不是很好找的。”

王宁把几个证书和一份材料放在招聘者面前，谦虚地说：“老师好！我叫王宁，我是××职业中专美术专业的应届毕业生。我曾在学校动漫设计大赛中获得过一等奖；还担任过校学生会宣传委员，组织过多次校级美术竞赛及作品展示活动。上学期间，我曾应聘到市少年宫美术部担任辅导老师一年；毕业实习时，我选择到小学实习，教美术课，得到指导老师和学生们的好评。我想我的情况可能更适合你们的需求，这是我的获奖证书和相关材料，请多关照！”

王宁得体的自我介绍打动了招聘老师。最后，在激烈的竞争中，王宁获得成功。

【简析】要招聘的岗位是美术老师，不是艺术家。张林和陈华的自我介绍没有使用礼貌用语，语气生硬，态度傲慢，虽然是名牌大学毕业，但是自我介绍过程中的描述与所招聘的岗位有一定的偏差，另外，没有实践能力也是一个缺陷。而王宁的自我介绍把握住了应聘中自我介绍的技巧，首先态度谦虚，运用了礼貌用语，缩短了和招聘老师之间的距离；再次，突出介绍了自己的能力和实践工作经验，这些描述与所需招聘岗位的条件相符。因此，王宁的应聘获得了成功。

例文二：

林慧出生在内蒙古，在美丽的大草原上度过了 20 多个春秋后，带着大学毕业证只身来到深圳找工作。当她向自己喜欢的一家公司投递简历后，接到了这家公司的面试通知。

面试当天，林慧身着一身职业套裙，高雅的气质被衬托得淋漓尽致。招聘人员先对她说：“介绍一下你的家乡吧！”林慧亲切又自豪地描述了家乡的美丽。接着，老板顺势问道：“既然内蒙古如此美丽，为什么你还要远离家乡，千里迢迢地来深圳工作呢？”

林慧微微一笑：“深圳四季如春，天天都可以穿裙子！”

林慧的回答让招聘人员感到很满意，面试的结果可想而知。

【简析】林慧的这句话让人感觉轻松，不仅避开了难以进行正面回答的问题，而且让招聘人员看到了她随机应变的能力和纯朴的个性。

第四节　艺术推销

推销是一门严谨的科学，同时也是一门艺术。美国心理学家贝尔说，能够充分掌握别人心理和态度的人是真正的英雄豪杰。因为只有了解人心才能深入人心，让更多的人接受你的服务。

一、推销语言的特征

1. 情感热忱

与顾客交流时，必须用热忱的态度，一个态度热忱、常常面带微笑、精力充沛的人，给对方带来的是热情的气息。一个常板着面孔、表情冷漠的人，会让人觉得难以接近。例如，一位顾客到柜台前，营业员主动迎上前去说：“您想看点什么？需要帮助吗？我可以拿给您看看，不买也没有关系的。”这位顾客听了，心里很高兴，随即指了一个商品让营业员拿了出来。营业员详细地帮顾客介绍这个商品的产地、用法、效用，并热情地说：“如果暂时不需要，也可以以后再来看看。”这位顾客会觉得营业员的服务热情周到，而不是立即说服顾客购买，反让他觉得不好意思，所以当即买下了这个商品。可见，充满感情的语言是促销的有效手段。

2. 问候用语

在日常交谈时，我们需要礼貌用语，在推销时我们更要用礼貌的问候语与顾客交流思想，拉近距离感，以促使推销成功。如遇见老年人："您身体真健康！""您身子骨还是那么硬朗！"如遇到节日，可以问候："新年好！""节日好！"如从兴趣爱好方面入手，可以问候："昨晚的电视剧《水浒传》播到第七集了，很是好看。""听说您加入了自行车协会，您参比赛了吗？"等。这些简单的问候语能营造良好的交谈气氛，为成功推销打开大门。

3. 简洁明确

推销人员在与顾客进行交流时，语言一定要简洁、准确。既要回答顾客的问题，又要传递一定的信息量，比如顾客问："有牛奶吗？"答："有。""有什么牌子的？""有光明的、雀巢的、蒙牛的。"这种对话就简单明了。

反之，如果这样回答："牛奶很多，不知道你是要酸奶、牛奶还是散装奶？"这样听起来好像是在很耐心地回答问题，却显得啰唆，不但不能快速满足顾客需求，还会耽误其他顾客的时间。

4. 科学准确

一些特殊的商品，如药品、治疗仪器等，营销人员在推销时，还必须注意对商品描述的科学性和准确性。如介绍药品时，就要说明药效、性能、用法等，不能使用模糊语言。

推销人员必须要把握好推销洽谈的语言特点，在强调销售产品不失真实性能的前提下，力争使自己的推销能够取得成功。

二、推销的技巧

艺术推销是一门语言的艺术，生活当中，推销无处不存在，这就需要我们集中自身的优势，掌握推销的技巧，去打动客户，推销出自己的商品，下面介绍一下推销的技巧。

（1）观察和倾听对方的心理需求。在推销商品的时候，目光一定要注视对方的神情，捕捉第一反应，并在获得信息后，快速作出反应，精明的推销人员会抓住这时对方对商品的好恶反应，采取对策。

（2）着装要与商品相协调。如果你推销的是一些日用的厨房用品，就不要把自己打扮得珠光宝气；如果你推销的是高档奢侈的商品，就不要穿得过于简单寒酸；如果推销儿童玩具，就应打扮得富有童趣，简洁可爱一些。

（3）发挥声音魅力。用适度的声音介绍商品，让人觉得亲切随和，不感到厌烦，会有兴趣听下去，尽量少使用方言或俗语。

（4）随机应变，适时调整。顾客在了解商品的过程中，可能会提出一些不合理的要求，这时就需要推销人员随机应变，适时根据顾客的要求来解决问题。

（5）不要以穿戴来评价顾客。每位顾客在推销员的面前都是平等的。只要能够购买商品，那么都是"上帝"。有些富豪并不一定穿金戴银，穿金戴银的人也不一定能够购买你的商品。

（6）不同性别的顾客应用不同的方式对待。比如：对待女性顾客要委婉一些，不要太直接，适当的赞美是个好办法，如果你面对女性顾客，用美女来称呼她，她一定会很高兴，这时再进行推销，就取得了一半的成功；如果面对的是男性顾客，那么就用直截了当的方式，开门见山，直接介绍商品的性能、功能等，这是男性顾客喜欢的方式。

想成为一名成功的推销人员，并不是很难的事情，只要我们掌握好推销的艺术，在实践中积累经验，一定会取得成功。

三、推销的方法

1. 试探法

当不了解对方的想法和心理预期时，可以用试探的方法。比如说恰当地提问："您觉得怎么样？""您认为如何？"等。这样让对方把自己的心理需求说出来，就可以有效地进行推销。

2. 智答法

当顾客提出问题后，推销人员要快速作出判断，给予准确的回答，回答要注意几个方面：第一，回答要准确，不要含糊其辞，否则这样顾客会觉得失望，彻底放弃购买的想法。第二，问什么就答什么，不要过多地说一些其他信息，引起顾客对其他问题的不满。第三，在回答时要注意观察对方的反应，这样可以揣测对方的心理，从而顺利达到推销的目的。

3. 赞美法

赞美之词会让人心情愉悦，任何人都是喜欢听到赞美的。真诚的赞美也是推销中一个行之有效的方法，但是赞美要讲究尺度，虚情假意不会得到对方的认同，相反还会被对方认为是对他的讥讽和嘲弄。语气过度也不行，对方会认为你是在阿谀奉承。

4. 幽默法

在推销中，幽默是调节气氛的法宝，也是取得成功的工具。幽默能使紧张的气氛变得轻松，也能使顾客在购买的过程中享受到愉悦的心情。

5. 价格操纵法

推销过程中，讨价还价往往是推销的重点内容。当顾客满意你的推销，认可你的商品时，就要对价格作进一步的探讨，在这个过程中，推销人员就要适时把握推销的语言技巧，一般通常先要问一问顾客对价格的预期，然后根据对方的心理进行沟通。

6. 坚持法

推销过程中，要有锲而不舍的精神。当顾客在犹豫不决时，不要轻言放弃，也许再坚持一分钟你就会取得成功。这时就需要你对顾客的心理进行揣摩，分析顾客是否有一定的购买心愿。如果有，那就根据顾客的想法，继续进行推销；如果没有，就不要用强硬的态度让对方觉得有非要购买不可的想法，这样不但推销不成，反而会失去这个顾客下次购买的机会。

7. 倾听法

有些时候顾客在购买商品时，对商品的某种功能有一定的需求或报有一定的购买目的，那么此时，就不需要推销人员对商品做过多的介绍，而是针对顾客的需求认真倾听，给予解答。

8. 夸大法

我们要说的夸大法，不是指过分渲染，夸大其词，而是在商品固有的优点和优势的基础上加以宣传，使商品的优势得到充分的发挥，从而以优代缺。没有十全十美的商品，要根据顾客的需求选择从不同的角度宣传和推销商品。

9. 颠覆主客关系

在现代社会，无论是求职也好，求财也罢，都是自己找上对方的门去推销自己。这是一种正常的主客关系。常规的推销方式，虽然整天忙得焦头烂额，但因为一个人的信息和能量有限，很难找到适合自己的舞台而脱颖而出。有时候，虽然对方也在寻找适合自己的人，但是因为精力有限，对这种找上门的推销并不“感冒”。

例文一：

一位成功的推销员在回忆往事的时候，经常讲到一件令他终生难忘的事。在一次推销中，他和客户原本洽谈得非常顺利，马上就要签约了，可对方却突然变了卦。这位推销员不明原因，百思不得其解。当天晚上，推销员便上门拜访，这时客户见他满脸真诚，就说了实话：“没有签约的原因是因为当时你没有认真跟我进行交流，我们当时正谈到下一个项目的有关问题，而你却在接电话，我一恼火就临时改变了主意。”

【简析】这位推销员的失败就在于他首先没有认真倾听客户的需求，其次，没有礼貌地接打电话。这说明在推销的过程中，不能心不在焉，和别人打电话更是不礼貌的行为，如果有紧急事情必需接电话，应征得对方的同意，以示尊重对方，如不考虑对方的感受，就会失去很多机会。

例文二：

一个朋友准备把书稿卖给一家文化公司。

他在出发之前，开始打腹稿：“我决定以 10 万元卖掉这本著作，我认为这个价钱是比较合适的，我急等着用钱，因此如果再便宜一些也可以考虑。”但是当他来到公司，经理问他：“你想以什么价格卖掉这本书？”

他突然灵机一动，回答说：“我不知道你们多少钱才肯购买，所以请你先讲个价钱好吗？”

经理把两手一叉，说：“你看 15 万怎么样？”

【简析】这个案例采用的就是价格操纵法，虽然自己对价格有一个心理预期，但是不说出来，而是看对方的报价，这样留有周旋的空间，反而得到了比自己心理定价更高的价格。

例文三：

英国著名作家毛姆，年轻时虽然才华横溢，但是因为是一个默默无闻的小人物，所写的书一直无人问津。

一位作者要让读者了解自己、接受自己，必须通过他的著作。如果作者自己向人介绍作品是如何之好，没有几个人会信服他而购买他的书的。情急之下，毛姆别出心裁地在报纸上登了这样一则广告：“某年轻百万富翁，性情温和，爱好体育、音乐，希望能与毛姆最新作品中女主角性格相同之女士为友，而后论婚嫁……”

几天以后，毛姆的著作大为畅销，竟使毛姆跻身于著名作家之列。

【简析】毛姆本身没有一定的知名度，但是他聪明地打了一则广告，这则广告调动了人们好奇的心理，颠覆了主客关系，进而达到了推销自己作品的目的。在报纸上登广告，能够最大限度地把潜在的合作对象吸引到自己面前，让更多的机会来到自己面前，从而找到一个更大的空间。我们只需要准备好“红绣球”，抛给适合的对象就可以了，而且对方是有备而来，选择起来更有针对性，也更容易成功地达到目的。

例文四：

一天，一位老太太拎着篮子去市场买水果。她来到第一个小贩的水果摊前问道："这桃子怎么样？"

"我的桃子又大又甜，特别好吃。"小贩回答。

老太太摇了摇头没有买。

她向另外一个小贩走去，问道："你的桃子好吃吗？"

"我这里是桃子专卖，各种各样的桃子都有。您要什么样的桃子？"

"我要买酸一点儿的。"

"我这篮桃子酸得咬一口就流口水，你要多少？"

"来一斤吧。"老太太买完桃子继续在市场中逛，又看到一个小贩的摊上也有桃子，又大又圆，非常抢眼，便问水果摊后的小贩："你的桃子多少钱一斤？"

"您好，您问哪种桃子？"

"我要酸一点的。"

"别人买桃子都要又大又甜的，您为什么要酸的桃子呢？"

"我儿媳妇要生孩子了，想吃酸的。"

"老太太，您对儿媳妇真体贴，她想吃酸的，说明她一定能给您生个大胖孙子。您要多少？"

"我再来一斤吧。"老太太被小贩说得很高兴，便又买了一斤。

小贩一边称桃子一边继续问："您知道孕妇最需要什么营养吗？"

"不知道。"

"孕妇特别需要补充维生素。您知道哪种水果含维生素最多吗？"

"不清楚。"

"猕猴桃含有多种维生素，特别适合孕妇。您要给您儿媳妇天天吃猕猴桃，她一高兴，说不定能给您生一对双胞胎。"

"是吗？好啊，那就再来一斤猕猴桃。"

"您人真好，谁摊上您这样的婆婆，一定有福气。"小贩开始给老太太称猕猴桃，嘴里也不闲着："我每天都在这儿摆摊，水果都是当天从批发市场批发来的，您媳妇要是吃好了，您再来。"

"行。"老太太被小贩说得很高兴，提了水果，边付账边应承着。

【简析】第一位小贩，在销售水果时，不顾及顾客的感受，没有明确顾客的心理需求。第二位小贩，只顾及顾客的第一需求，做一锤子买卖。第三位小贩，不仅顾及顾客的需求，而且还在销售的过程中使用赞美法与顾客进行深入交流，在问询顾客的情况和了解顾客的心态后，投其所好，深入挖掘顾客潜在需求，使顾客不但又购买了另外一种商品，还使其成为他的潜在顾客。

例文五：

有一段时期，市场上钢材特别紧张。有个专门经营成批钢材的公司，生意非常兴隆。一天，公司经理的好朋友来找他，说急需一吨钢材，而且希望价格特别优惠，要求比市场上的批发价还低百分之十。公司经理考虑到两人之间的亲密友谊，实在无法毫不留情地加以拒绝，于是说："我们公司经营的钢材都是以千吨为单位的，没办法拆开卖，请你谅解。这样吧，我给你介绍另外一家公司，他们可以拆开卖。这家公司和我们有业务往来，我可以和这家公司经理打个招呼，请他们以优惠的价格卖给你一吨，你看行吗？"

【简析】在拒绝对方的同时，给予真诚的解释和建议，这样的拒绝，能让对方愉快地接受。本案例中的公司经理就巧妙地运用了这种方法，既表明了自己的态度，又没有使双方关系受到影响。

例文六：

一位女顾客到某商场买衣服，她看中了一套时装。

顾客："这套衣服不错，不知适不适合我……"

售货员："这位小姐，您真有眼光。这款衣服是我们今年的新款，很时尚，卖得非常好！"

顾客："真的吗？是什么面料的？"

售货员："来，我给您介绍一下。这款衣服使用的是××面料，穿上很舒服，又很显档次；衣服的设计时尚，简约，细节处理得也很好，非常受像您这样的白领女士欢迎。以您的气质与身材，我相信上身后效果一定不错。光我说好看还不行，来，这边有试衣间，您可以自己穿上看看效果。"

顾客："面料和设计确实不错，只是……"

售货员："您今天不买也没关系，既然来了，又看中了这一款，还是试一试吧，如果拿不定主意，可以明天邀上您的朋友一起来帮您参谋参谋。这边请……"（引导顾客去试衣间）

顾客试衣后，觉得非常满意。

售货员："我说的没错吧，您穿上多好看呀！看，其他顾客都被吸引住了！您是今天买，还是……"

顾客："您这么热情，我还能说什么呢？今天买吧。"

【简析】这位售货员很会做生意，尤其善于观察顾客，揣摩顾客的心理，说起来极具针对性。首先，她赞扬顾客有眼光；接着，打消了顾客的顾虑；然后，让顾客欣然试衣。顾客再听了售货员的夸奖后，就毫不犹豫地买下了。

综合训练

一、礼貌用语是我们日常交谈、自我介绍、应聘对话、艺术推销时都需要经常使用的语言，请列举出带有"请"字的礼貌用语。

二、我们经常去商场购物，在购物的过程中，就会和营业员进行交流。请列举营业员在为我们介绍商品时的礼貌用语。例如："您好，请问您需要点什么？""请您慢走，欢迎您下次光临。"

三、以下甲乙两人的介绍实际上是一个意思，但听起来却有天壤之别。这是为什么呢？请分析原因。

甲："王浩是新来的同学。他很胖，行动不是很灵活，谁把下铺让给他？"

乙："王浩是一个身材魁梧的帅哥。他是新来的，谁发扬风格，把下铺让给他？"

四、下面是两个中职一年级新生在与人交往中遇到的困惑，请你分别为他们提出建议。

1. 来到新的学校，到了新的班级，我不知道应该怎么向大家介绍我自己。

2. 到同学家做客，我不知道该怎样向他的父母介绍自己。

3. 当同学向我介绍他过去的异性朋友时，我总是不知该如何应答，显得很尴尬。

五、根据下面的情况，同桌之间进行表演，然后按四个等级给对方评价。

情景设计：学校举行手抄报制作大赛，每位同学都要交一份手抄报。你是非常擅长制作手抄报的，家里有很多以前的作品，你最要好的同学向你要一件作品作为作业上交，你不希望他欺骗老师，但又不想得罪他，你打算如何说呢？

优秀：对方能愉快地接受你的意见，朋友关系没有受到影响。

良好：对方能接受你的意见，朋友关系影响不大。

合格：对方基本能接受你的意见，担心中略有不快。

不合格：对方不能接受你的意见，伤害了朋友关系。

六、某青年曾到一家冰箱厂应征公关部的一个职位，由于准备不充分而落选。后来他又到一家化妆品厂去应聘，他对于化妆品原是外行，但为了应聘，他预先调查了国内化妆品业的现状和潜在的市场情况，外国化妆品在国内市场上的地位，各化妆品厂家产品的比较，各竞争厂家的营业情形等。当参加应聘时，他对于化妆品业的广博知识使招聘者大为惊讶，不用说，他捷足先登了。这位青年两次应聘的经过说明了什么？

七、阅读下面的材料，简要分析收银员错在哪里。

一家大超市的收银台，顾客排起长龙等待。一位顾客忽然从出口处返回收银台，对收银员说："您好，您刚才算错账了……"收银员马上不耐烦地说："算错了？刚才怎么不点清楚！看看这牌子上写的什么？'银货两清，离柜概不负责'！"顾客气愤地说："什么态度！既然这样，就谢谢你多找给我 38 元钱了。"望着扬长而去的顾客，收银员目瞪口呆。

八、请看下面这两则例子，然后回答问题。

1. 王光英飞赴香港创办光大实业公司，一走下飞机就有一位记者问他："你带了多少钱来?"

说多了，事关经济机密；说少了，事关个人体面；"无可奉告"，似太生硬；哼哼哈哈，难脱纠缠。王光英见是个女记者，就说："对女士不能问岁数，对男士，不能问钱数。小姐，你说对吗？"

请问王光英这样回答问题对吗？这样回答有什么好处？

2. 国外一旅馆需要招聘一名男服务员，有三位应聘者前来面试。在面试时，旅馆老板出了一道题："假如你无意推开房门，看见女宾客正在沐浴，而她也看见你了，这时你该怎么办？"

第一位应聘者说："对不起。"然后关门退出。

第二位应聘者说："对不起，小姐，我走错了。"然后关门退出。

第三位应聘者说："对不起，先生。"然后关门退出。

老板录取了第三位。请你说说为什么？

第三章

演　讲

中央电视台曾在《对话》节目中进行的“全球大调查问卷”中有这样一个问题：“您认为在未来十年中最有竞争力、最有希望成功的人应具备哪些素质？”令人诧异的是，二十六位商界巨子全部选择了交际能力、交流能力、公关能力等与口才密切相关的词汇。由此看来，一个人在融入社会时，口才越来越显示出其得天独厚的优势。

这是一个展现魅力、开放高调的时代，也是一个竞争激烈的时代。官员要公开讲话，开展文化交流，双方谈判沟通，主持人陈述和提问，记者和被采访者问答，求职应聘，商品推销，汇报工作，下达任务等，都需要演讲技能。所以自古就有“一人之辩，重于九鼎之宝，三寸之舌，强于百万之师”之语，就直接说明了口才的重要性，如果在现代社会缺乏这一技能，将会失去很多成功的机会。

演讲是为了达到某种目的而进行的语言表达，是展现一个人口才的最好形式，同时具有声形合一、情景交融、感召力强等特点。演讲是一个人思想水平和各种才华的集中体现。本章从演讲的概述及特征、演讲的准备和技巧以及演讲者应具备的修养等方面进行简明扼要的论述，旨在让同学们了解演讲的相关知识，合理地进行演讲训练，掌握这种展示自我综合素质的途径。

学习目标

1. 了解演讲的发展、类型和作用。
2. 理解演讲的含义、特征。
3. 能够根据演讲的准备、演讲的技巧完成演讲活动。
4. 注意自身演讲修养的培养。

第一节　演讲的概述

演讲（public speech），又称讲演或演说。它是一门科学，也是一门艺术。

一、演讲的历史

演讲是一种源远流长的社会现象，始终伴随着人类文明的发展而发展。在我国，演讲在先秦社会就已经广泛盛行。中国最早的一部历史文献《尚书》中就记载了包括《甘誓》《汤誓》《牧誓》等演说词。其中《甘誓》的演说者是中国历史上第一个奴隶制王朝的建立者——夏启。这篇演讲稿距今已四千多年的历史了。而到了春秋战国时代，诸子百家、纵横之士大批涌现，形成了一个演说的辉煌时代。教育先师孔子建立了私人讲学的模式，在其教学内容中就包括对学生进行辞令训练，使之成为善辩之才。《公输盘》中墨子主张“辩”，《非相》中荀子称“君子必辩”，《问辩》中韩非子探讨“辩安生乎？”。几位先贤不仅对演讲认识深刻，还对演讲心理、技巧和语言风格作了详细的论述。战国末，苏秦主张“合纵”，身佩六国相印，叱咤风云，以雄辩的口才促成六国合纵，使强秦15年不敢出函谷关；张仪首创“连横”，由魏游说入秦，两为秦相，凭三寸不烂之舌游说各诸侯国以“横”破“纵”，为秦国统一天下立下汗马功劳。

晚清之后，中国经历了鸦片战争，沦为半殖民地半封建社会，民族的生死存亡，人民的苦难生活，激励了无数仁人志士奔走呼告、慷慨陈词，使演说之风大盛。康有为、梁启超、孙中山等，不仅是著名的思想家、政治家，还是出色的演讲家。蔡元培先生在南洋公学特班有意培养学生们的演说能力，曾说“今后学人，领导社会，开发群众，须长于言语。”《大公报》刊登《说演说》一文，文称“后起爱国之贤不可不讲演说之术”；秋瑾撰写《演说的好处》，提出“开化人的知识，感化人的心思，非演说不可”；及至后来余楠秋的《演讲学概要》、程湘帆的《演讲学》、杨炳乾的《演讲学大纲》、彭鑫的《演讲术》，影响巨大。

在西方，演讲的萌芽与开端时期在中世纪前的古代社会，距今2400多年。古埃及人普霍特在公元前25世纪就写就了如何说话的教义；公元前5世纪，雅典有集团称为“智者派”，集团成员均为知识渊博、口才出众的高手，他们专门从事传授演讲的逻辑、论辩的形式和技巧等工作，极大地推动了演讲的发展。而古希腊时期更是出现了以讽刺作为哲学的锐利武器的苏格拉底，提高对话水平艺术程度的柏拉图，对演讲的方式、听众的心理和语言的风格都有深刻阐述的亚里士多德，克服自身生理缺陷（口齿不清、结巴、嗓音粗哑）成为当时十大演说家之一的德莫斯蒂尼等一大批富有才华和声望的演讲家。继之，罗马涌现出一大批演讲家，以西塞罗为代表，开始强调演讲的“内容之聪慧”，并且研究了演讲术的历史，发展了演讲理论，为今天的演讲艺术发展作出了重大贡献。

不难看出，古今中外，凡是历史发展的转折时期，凡是社会变革的激烈时期，都会出现一大批演讲家，演讲的特殊功能表现得格外突出。当下是一个信息爆炸、知识激增的时代，这一浪潮已经或正在影响着各个国家的社会中的一切领域。在西方，“舌头、金钱和计算机”已经成为三大战略武器。在我国，随着社会主义物质文明和精神文明建设的不断深入，演讲之风又将蓬勃兴起。新的时代将造就千万个才华横溢的演讲家。

二、演讲的定义

段玉裁《说文解字注》中认为：“演之言，引也，故为长远之流。”引申义是，说话像流水一般通畅。书中记录：“说释者，开解之意。”可见“演说”就是通过流畅的语言进行铺陈解释。而对于“讲”，称之为：“不合者调和之，纠纷者解释之，是曰讲。”这说明“讲”有剖析矛盾，解释分歧的意思。现在，我们日常的语感中，“演讲”与“演说”同义，就是“专指就某个问题对听众说明事理，发表见解”。

所谓演讲是指在公众场所，以有声语言为主要手段，以体态语言为辅助手段，针对某个具体问题，鲜明、完整地发表自己的见解和主张，阐明事理或抒发情感，进行宣传、鼓动的一种语言交际活动。由此可见，演讲是一种有目的的行为方式，一种直接的带有艺术性的社会实践活动。

三、演讲的种类

根据不同的着眼点，演讲的分类也是多种多样的。从形式上区分，有别人拟定题目或演讲范围，经过准备后所做的命题演讲；无事先准备的情况下就眼前的场面、人、事、物临时起兴发表的即兴演讲。从内容上区分，有为了政治目的、出于政治动机、就政治或与政治有关的问题发表的政治演讲；针对社会生活中的问题、现象、风俗等所做的生活演讲；就某些知识或学问而做的学术演讲；法庭上出现的法庭演讲；一些宗教仪式、宗教宣传所做的宗教演讲。从功能上区分，有以传达信息、阐明事理为目的的“使人知”演讲；以使人信赖、相信为目的的“使人信”演讲；以使观众在情感上与之产生共鸣而欢呼雀跃为目的的“使人激”演讲；以使听众产生与之共同行动为目的的“使人动”演讲；以活跃气氛、调节情绪为目的的“使人乐”演讲。从表现手法上区分，有以叙事为主的叙事性演讲；以逻辑论证为主的论辩性演讲；以解释说明为主的说明性演讲；以传达感情为主的传情性演讲。而我们日常生活中的致辞、贺词、悼词、开幕词、闭幕词、欢迎词、欢送词、祝酒词、答谢词等，都属于演讲，甚至法庭中公诉人、辩护人的陈词都是演讲的一种。

四、演讲的作用

无论是哪一类演讲，都有着不可估量的社会作用和社会价值。演讲的作用可以从演讲者个人和社会两个方面来分析。

对于演讲者个人来说，首先可以促进自己迅速成才。优秀的演讲家只有具备符合时代潮流的精深的思维、渊博的学识和丰富的阅历，才能使他在讲台上滔滔不绝地发表自己的观点。因此，立志做一名优秀的演讲者，需要刻苦磨炼自己敏锐的观察力、丰富的想象力、准确的判断力、敏捷的思维力、迅速的应变能力和较强的记忆力。在这个过程中，个人在思想、学识和智能等方面都会得到极大的提高。其次，可以激励自己多做贡献。鲁迅先生不仅会写，而且能说，能够充分利用演讲这个利刃来宣传真理，揭露邪恶，能将自己的观点传播给更多的人，为社会作出更大的贡献。再次，可以建立融洽的人际关系。在训练和实践演讲的过程中，个人养成的文雅举止和出众口才，不仅可以在演讲台上大放异彩，还可以在日常交际中比一般人更迅速、更有效地与人交际和沟通。优秀的演讲者以他们丰富的学识、敏捷的应对、良好的修养、广泛的活动层次，更容易扩大自己的交际面，也更容易冲破人际关系的障碍。

演讲对于个人有许多作用，对社会的作用更为明显。首先，可以驱邪扶正。人类社会文明是在真善美与假恶丑的斗争中得到发展的。古今中外，正义的演讲家都是利用演讲这个武器来宣传真理、唤醒民众、推动社会进步的。美国演讲家帕特里克·亨利用“不自由，毋宁死”的名言，不仅唤起了千万美国人投身战斗，而且至今仍激励着为自由而战的民众。可见，宣传真理的演讲可以启迪人心，驱邪扶正，将社会推向更美好的境界。其次，可以培养情感。演讲者可以用自己正确的道德情感来感染听众，从而影响听众的情感。包括爱国主义情感、国际主义情感、集体主义情感、革命英雄主义情感等。当古罗马统帅凯撒被刺杀并被恶意诋毁后，他生前的执政官安东尼发表了一次演讲。在这次演讲中，安东尼历数凯撒的功绩，以他真诚的情感影响了观众，使之放弃对凯撒的成见，焚烧了行刺者的家。可见，演讲对听众的感情影响作用巨大。再次，可以唤起听众。成功的演讲不仅可以达到以上作用，甚至可以唤起听众的行动和实践，投身到改造世界的社会活动中。孙中山先生作为我国伟大的民主主义革命先行者，始终以演讲为武器。致力于民主革命的 40 年里，他用演讲不断地启迪和呼唤民众投身民主革命中去。正是因为孙中山先生激动人心的演讲，才让许许多多的青年人投身辛亥革命，从而一举推翻了我国的封建统治。

第二节 演讲的特征

学习演讲就必须了解和掌握演讲的特征，只有这样，才能真正有效地提高演讲水平，真正达到演讲的目的。

一、现实性

演讲是在社会实践的需求下展开的，具有公共交往的性质。人们无论是在开展政治活动、经济活动、科学文化活动，还是在其他种类的社交活动中，必然要发表见解，提出主张，解释疑惑，抒发感情，以达到说服人、感染人、教育人、激励人的目的。因而说它属于现实活动的范畴。

（1）从表现手段和反映对象来看，演讲的关键在于思想性、原则性，是否帮助听众弄清了复杂的社会现象，或是解决了某个问题，再或是提出问题、分析问题、解决问题。演讲者为了表达自己的思想、主张和态度，要通过许多概念、事实来表达，而这些概念、事实又是通过判断、论证、推理、演绎及其他手段来实现的。在演讲中，可能为了生动地表达某些内容，通常借助种种艺术手段，甚至可能引述寓言、小说、诗歌、戏剧等艺术作品中的语言、人物和事件，但目的只是为了更生动、更具体、更鲜明地阐述道理。这些艺术手段是次要的，是起辅助作用的。

（2）从演讲者的活动看，演讲不同于表演活动。演讲者在现实中是自己，走上演讲台依然是自己，向听众发表自己的主张。而演员则不同，在生活中他们是自己，走上舞台他们就要按照剧本规定的角色塑造角色形象。另外，从服饰上看，演讲者虽然注重自己服装和外表的修饰，但终归是现实的，符合自己的性格、年龄、兴趣。而演员则要根据需要塑造角色的性格、年龄、特点，根据剧情需要进行修饰和化妆。因此，演讲给人的是真实的现实感，而表演则给人以形象的艺术感。

（3）从表现的形式上看，演讲以讲为主，以演为辅。演讲者直接抒发自己的情感，公开陈述自己的观点。这里的“讲”是根据所要表达的思想、情感的需要，进行真实的讲，而不是演员根据人物需要所进行的那种经过艺术加工过的夸张的“讲”。演讲虽然也有“演”的成分，但只是作为辅助作用。

（4）从听众的角度上看，希望通过演讲可以获得知识和启示。一场精彩的演讲，不仅可以生动地反映生活，揭示真理，帮助听众正确认识客观规律，还可以帮助人们培养美好的道德情操，促进人们奋发向上，给人以美的享受。

演讲活动发挥出的认识作用、教育作用、美感作用，正是社会实践的直接需求，具有直接的现实指导意义。因此，我们可以说现实性是演讲的首要特征。

二、艺术性

演讲既是实用性很强的现实活动，也是一门艺术，也就是我们常说的演讲艺术。也许有人会问：前面论述了演讲是现实活动而不是艺术活动，为什么在这里又称其为演讲艺术呢？这不是自相矛盾吗？其实并不矛盾。说演讲不是艺术活动而是现实活动，是根据其社会性质而言的；说演讲也是一门艺术，是指它通过有声语言和态势语言等手段所显示出来的艺术性。

（1）有声语言是演讲者思想感情的载体，是传递信息、表达思想最主要的媒介和手段；是思想感情的载体，承载着演讲者的主张、见解、态度和感情，将其传达给听众，由此产生说服力、感召力。演讲者的语言只要通晓易懂、富有魅力，就可以达到以理服人、以情感人、以智育人，使听众心领神会的效果。而优美的有声语言不仅准确清晰、圆润和谐，而且绚丽多彩、生动有趣，以其跌宕起伏、音义皆美的艺术魅力，形成一种境界，使言辞的表现力和声音的感染力均达到最佳状态，从而使听众得到艺术享受。

除了有声语言外，演讲还需要辅以相应的体态语言。而所谓的体态语言就是指在一定程度上能辅助有声语言表达思想感情的眼神、表情、手势等。演讲中，应以有声语言为主，用恰当的眼神、表情、手势或其他能在一定程度上表达思想感情的动作来辅助，如此可以使演讲更加 “戏剧化”，也更加具有艺术感，使听众在听觉器官发挥作用的基础上，视觉器官也得到冲击，从而弥补了有声语言的不足，增强演讲的表现力和感染力。

（2）之所以说演讲是优于其他口语的表现形式，是因为它是由语言系统、声音系统、表演系统、形象主体系统等多种系统构成的综合性的实践活动。演讲这种活动还体现出以下特点：①具有统一的整体感。在演讲中，如果缺失任何一个构成系统，就无法构成演讲；而任何一个系统如果脱离了演讲这个整体，也就失去了它作为演讲一个组成部分的重要意义和作用。在演讲活动中，各个系统唯有互相联系、互相配合，才能给听众统一的整体感。②具有协调感。在演讲中，如果各个系统不能互相配合、协调工作，就会对演讲的整体效果产生影响。③富于变化。在演讲中，各个要素要根据主题和情感的不同而相应地变化，始终扣人心弦。正因为演讲活动中的各个构成系统各有各的特点并发挥着自身的作用，这才能协调地构成整体的演讲活动，演讲也才能产生巨大的魅力和吸引力，成为具有审美价值的现实口语表达形式。

三、鼓动性

每一次演讲，无论是为了让听众接受演讲者的观点、主张，或是为了让听众得到新知识、新信息，或是为了感染听众，从演讲的内容到演讲的语言都应具有较强的宣传鼓动性。由此可见，没有鼓动性就不是一次成功的演讲，甚至可以说，没有鼓动性就不能称之为演讲。

古希腊的德莫斯蒂尼是位民主政治家和爱国主义者。当他看到雅典公民对马其顿的侵略反应麻木的时候，发表了一系列的“反腓力”演说。以他满腔的爱国热情和对敌人无比的愤恨为基调慷慨陈词，希望可以唤起同胞抗击侵略者，拯救祖国的意愿。他的演讲取得了巨大的成功，不仅使听众觉醒，随之愤怒，也促使他们团结一致投身于反侵略的斗争之中。这就是演讲的威力，也证明了演讲的鼓动性的存在。无论是哪一种演讲，政治演讲也好，学术演讲也罢，都应当具有鼓动性。

演讲具有鼓动性的原因是什么呢？可以试着从以下几个方面分析：第一，演讲者在传播真、善、美的同时，总是饱含着自己炽热的情感。演讲者总是以自己的热情去点燃听众的热情之火，以自己炽烈的情感去撩拨听众的心弦，从而使听众动情，引起共鸣，达到征服听众的效果。第二，演讲有较强的艺术性。动听的声音、语调，丰富的表情和多变的手势等都容易感染听众，帮助加强语言的说服力。另外，严谨的结构、严密的逻辑，都能时刻抓住听众的注意力，从而对听众产生影响。第三，演讲的直观性加强了其鼓动性。任何一次演讲都是在特定情况下进行的，演讲者不仅可以直接面对所有听众，每位听众也可以清晰地看到演讲者。自始至终，双方都是在进行面对面的直接的情感交流。演讲者不仅可以随时观察听众的反应，还要随时根据听众的情绪变化及时调整自己的演讲，才可以更好地说服听众、激励听众，以达到理想的效果。

正是因为以上三个方面的原因，才使演讲具有强烈的鼓动性。拿破仑以“士兵们，你们没有衣服穿，吃得也不好，我想带你们到世界上最富庶的国家去”，简短的几句话让一支需要整顿的队伍顿时兴奋起来，战斗力大增。由此可见，鼓动性是成功演讲的力量所在。

四、工具性

演讲是一门科学、一门艺术，也是一种工具。语言是人们交流思想的工具，作为语言艺术的演讲更是一种工具，是人们交流思想的特殊工具。任何思想、学识、发明和创造，如果不借助演讲这个工具在各种各样的讲台上加以传播，将很难被人们了解。众所周知，黑格尔的《美学讲演录》是由他在大学讲授课程时的讲稿发展而成的；马克思《资本论》中的某些基本思想和观点，是他之前在工人中讲演过的。物理学家李政道、杨振宁的学术思想也是借助于演讲进行传播的。总之，演讲是最普遍、最基本的传播手段和工具之一。各种身份的人都可以利用这种最便利的工具来进行信息交流。

正如秋瑾女士在《演说的好处》一文中所说，一是“随便什么地方，都可以随时演说”；二是“不要钱，听的人必多”；三是“人人都听得懂”；四是“只须三寸不烂的舌头，又不要兴师动众，掏什么钱”；五是“天下的事情都可以晓得”。可见演讲的好处之多。

只是，那些渴望成功，希望能够掌握这一工具的人们决不能幻想凭借阅读一些演讲理论和图书，背诵一些演讲词句，掌握一些演讲技法，就能登堂入室，发表高见，语出惊人。这样是不现实的，充其量只是不至于张口结舌罢了。想要口若悬河、语惊四座，不经过刻苦的实践和锻炼是不可能的。常言说：“台上一分钟，台下十年功。”用在演讲上也是非常恰当的。历史上许多被誉为“铁嘴”“铜牙”“剑舌”的雄辩之才，都是经过刻苦的实践锻炼的。只有在演讲理论的正确引导下，持之以恒地进行练习和实践，使演讲的理论知识转化为可以熟练运用的技能技巧，才能使演讲水平不断提高。这也是本章课程的设计目的。

第三节　演讲的准备

一般来说，演讲的方式主要有两种：一是有稿演讲；二是即兴演讲。即使是即兴演讲也要有演讲者原有的知识素养作为准备，而有稿演讲就更要进行充分的准备了。以下我们就来谈谈如何做到“百战不殆”，在演讲中发挥出最高的水平。

通常情况下，演讲者在了解命题后，为了保证演讲的成功，常常根据提纲要求和口语表达的需要，将所要讲的话原原本本地写出来，既能使演讲的内容更实在、更具体，又可以对语言提前进行加工润色，对于态势语言可以预先设计，使艺术形式和思想内容得到完美的统一，更有效地发挥演讲的感召力。有稿演讲准备的重要环节就是写好演讲稿，它是演讲的主要依据，但是又不能完全读稿、朗诵稿或是背稿，而造成只“讲”不“演”，无法与观众进行充分的情感交流。在这种情况下，我们应做到将演讲稿的内容烂熟于心，演讲时持讲稿而不读稿，似用稿又不全用，边说边演，根据现场观众的反应情况及时调整或再创造，以增加效果。这类演讲，没有讲稿肯定不行，完全照稿也不行。

进行即兴演讲，事前不一定能够深思熟虑，没有时间精心准备讲稿，那么即兴演讲要如何进行准备呢？

首先，我们了解一下什么是即兴演讲。

即兴演讲，又称即席演讲或即时演讲，它是演讲者在某种特定景物或某种人物、气氛的激发下而产生的一种临时性的演讲。这种演讲方式，是在没有事先准备、没有拟稿的情况下进行的演讲活动。早在 20 世纪 30 年代，我国演讲家杨炳乾曾说过：“即时演说者，演说家事先无演说之意，而忽遇演说之时机，不能不仓促构思，以即时陈述也。”作即兴演讲，的确有一些难度，也最见功力，一般人难以把握。但随着时代的发展，即兴演讲的应用范围越来越广，使用频率也越来越高，如主持会议、宴会祝酒、婚丧嫁娶等都少不了即兴演讲，我们不能等闲视之。

由此可见，即兴演讲不可能像命题演讲那样事先写好演讲稿，也不可能像论辩演讲那样提前进行调研和模拟训练，这是即兴演讲的最主要特征——临场性。由于这一特征的出现，导致即兴演讲还具有敏捷性和简练性两大特点。演讲者必须在短时间内迅速选择话题、进行构思、组织材料，针对当时的情景或对象，当即打好腹稿，发表适当的演讲。即时演讲不可能洋洋洒洒、长篇大论，演讲者仍需要用简洁、生动、形象的语言去征服听众。

无论对于哪一种演讲，我们都必须进行充分的准备，这是演讲成功的必要条件。

一、信息与动机

印度独立后的第一任总理尼赫鲁的女儿英迪拉·甘地（1917—1984，两任印度总理，遇刺身亡），在自述中记载了自己两次截然不同的演讲经历。第一次是她在英国留学期间，应邀参加一次会议。会中，时任英国国防部长的克·梅农突然当众宣布请英迪拉讲话。她毫无准备，惶恐万分，最后在哄堂大笑中结束了自己前言不搭后语的“演讲”，并发誓从此不再在公众面前讲话。第二次是在南非，她甚至向东道主要求，让她一句话不讲她才答应赴会。会议行程安排上午参观非洲铁路工人的生活区，下午四点举行招待会。在参观的过程中，非洲工人的艰苦生活深深地触动了她，使她心有所结，不吐不快。会议中，当主持人宣布“尼赫鲁小姐不讲话”时，她竟一跃而起，滔滔不绝地讲起来，而且演讲得非常成功。这两次演讲生动地表明了信息与动机的关系。第二次演讲，如果没有之前参观时获得的大量信息促使她产生演讲的动机，并提供丰富的演讲内容，英迪拉如何能够战胜自己的恐惧，并且取得演讲的成功呢？

由此可见，演讲与信息的关系十分密切。内容和材料是演讲的主要信息，而演讲的实质就是传递和接受信息的过程。上述材料还说明，演讲总是有一定的目的和动机的，因此演讲的信息还是使演讲者萌发演讲动机的主要因素，万不可为了演讲而演讲。

进一步分析信息与动机的关系。信息是萌发动机的基础，而动机一旦产生，就会围绕动机进一步搜集和整理信息。可见动机是收集和整理信息的原则和依据。

对于信息的理解是动机的来源，演讲的动机实质上就是演讲的最初目的。动机产生后，在进一步搜集和整理的过程中，所萌发的演讲动机会逐步明朗化、具体化。因此，搜集和整理信息的过程也是演讲目的不断明朗化、具体化的过程。

信息对于动机的影响也是因人而异的。对于相同的信息，不同的人有不同的理解、不同的观察角度、不同的认识深度，也就会产生不同的效应。有的人熟视无睹，有的人则积极思考，这些都与人的知识积累、阅历修养、兴趣爱好等因素有密切的关系。面对同样的信息，不是任何人都会萌发演讲的动机，也不是任何信息都能使人萌发演讲的动机的。

二、演讲的选题

有了演讲的动机后，就可以基本确定演讲的目的。根据这个最初的目的，要进行的就是选择议题，确定中心。这个环节至关重要，它直接影响着演讲的主题和价值，影响着演讲的成效。

所谓的选题就是选择演讲的话题，确定自己要讲哪方面的内容。演讲者都是通过阐述、分析、论证所选题目来表达自己观点和感情的。那么，如何选题呢？一般来说，选题应该遵循以下几个基本原则。

1. 选题要体现时代精神，顺应历史潮流

演讲的最终目的是要取得听众的认同。因此，选题应该紧紧抓住人们普遍关心的问题，掌握现实社会中亟待解决的问题，具有一定的时代意义。例如，十八大召开后，思想政治方面的问题关注点主要集中在“四风”问题、党的群众路线实践教育活动问题等。演讲这方面问题时就要讲出时代感，讲出新意。演讲者必须考虑演讲场合以及自身对该问题的认识和了解程度，加以分析、综合和解释，一定要符合历史发展规律。

2. 选题要符合听众要求，内容有的放矢

选题只有针对听众需求，才能深刻地影响听众，感染听众。由于不同民族、不同性格、不同职业、不同年龄、不同的生活环境和文化修养，使听众存在着很大的心理、风格和感情上的差异。选题时应考虑到不同类型观众的特点，根据现场观众的民族、职业、层次来选择合适的知识水平、风俗习惯等。只有选题符合现场听众的兴趣、愿望，才能吸引他们的注意力，唤起他们听讲的热情。例如，向年轻人谈论感情、流行歌曲以及如何看待时尚等问题，就会符合他们的口味，容易引起他们的注意，但对中老年人就未必合适了。显然，对于农民普及物理及化学知识，虽然也能提高他们的生产水平，但是不见得受欢迎。如果将相关话题换做肥料的选用或水土的改良，情况就会大大改观。

一场演讲中，听众不可能完全是相同类型的，这时选题就需要考虑“适应度”。选题的“适应度”大，适合的听众面就宽；反之，“适应度”较小，适应的听众面就窄。一般来说，选题的专业化程度越高，适应面就越窄。

3. 选题要切合身份，不妨选择自己“轻车熟路”的内容

演讲的选题应该符合演讲者的年龄、身份，适合自己的知识水平和修养。只有这样，演讲者才能融入自己的感情，措辞、语调、口气也才能自然、生动、绘声绘色，给听众亲切感。否则，硬要去讲那些跟身份不符合的议题，必然会力不从心，即使完成演讲，也会让人觉得生搬硬套、呆板无趣，无法感动听众。

其实，演讲者不妨选择自己“轻车熟路”的议题来讲，选择自己比较熟悉的、感兴趣的来讲。这里说的“轻车熟路”，不是简单地将已经准备好的材料一成不变地重复使用，也不是生搬硬套固定的框架套路，而是指选择自己比较熟悉、比较了解、比较感兴趣、体会比较深的话题，选择与自己的专业、知识面、工作内容相关的议题。这样不仅可以让自己愿意在演讲的准备中投入大量精力，也容易将问题讲得透彻、深刻，讲出水平、风格。可见，演讲者想要让自己的演讲适应度广泛，演讲时滔滔不绝，平日里的知识积累是必不可少的。

4. 选题要注意场合，考虑预定时间

演讲内容要与演讲场合的气氛、环境相协调，也就是要考虑演讲的时间和空间。这里所指的不仅是演讲现场的环境布置，还包括时间、听众、主题等因素。试想，喜庆的场合大谈悲凉，悲哀的氛围中谈论欢乐都是不能被接受的。

选题还应考虑时间。心理学研究表明，一般人的大脑在一小时以内只能接受一到两个重要问题。因此，演讲的选题必须要集中，富有特色，时间运用恰当。如果是参加演讲比赛，就更有必要控制好时间了，否则在讲台上临时删改内容，会让人无所适从，影响比赛成绩。另外，在多人参加演讲的场合，一定要了解自己出场的顺序是在会议的哪个部分，并简要了解其他演讲者的情况。这些都是不可忽视的。

三、演讲中心的确定

确定了选题，就有了演讲的大方向，但仅依靠大方向是不能完成演讲的，还必须确定一条具体途径，这就是演讲的中心。它是演讲的灵魂，决定了演讲思想性的强弱，决定了材料的取舍和组织，决定了论证方式的选择。演讲中心的确定是选题的具体化、明朗化。没有明确的中心，即使讲得天花乱坠，也会让人不得要领。

演讲的中心要集中。一般来说，一次演讲只能有一个中心，其他的内容都要围绕着这个中心展开。否则，演讲就会出现焦点模糊、横生枝节的毛病。演讲的中心确立要求鲜明、正确、新颖、深刻。鲜明，是指中心要贯穿演讲稿全篇，能够给听众深刻的印象，引起强烈的反响；正确，是指中心所确立的观点要具有积极意义，使听众能够受益，取得正面的社会效应；新颖，是指中心给出的见解要独到，给人耳目一新的感觉，对听众产生吸引力，能够引起听众的兴趣和注意；深刻，是指中心提出的主张和见解能揭示事物本质，能使听众得到启示。要做到这些，就必须在选定角度上防止大而空，深度上防止平而扁。庄子云：“语之所贵者，意也。”元代陆辅之《词旨》中提出：“命意贵远，用字贵便，造语贵新，炼字贵响。”可见确立中心的重要性。

四、演讲材料的搜集

1. 搜集材料的意义

唐代诗人刘禹锡有诗：“千淘万漉虽辛苦，吹尽黄沙始到金。”没有“千淘万漉”

的辛苦，怎会有“吹沙见金”的喜悦呢？用这句诗来说明材料搜集的意义是最恰当不过的了。如上文所讲，没有足够的材料就没有演讲动机的萌发，没有足够的材料就没有议题的确定，没有足够的材料就没有支撑中心的内容。只有广泛地搜集材料、运用材料，才能使演讲获得成功。总体来说，材料和观点的关系是：重要材料使演讲者萌发演讲动机，并确定选题；以选题为中心，广泛地搜集相关材料；利用典型材料阐明观点。在这三个反复的过程中，演讲的观点不断得到修正、补充、完善，从而达到内容丰富、感情真挚、令人信服的目的。

很多优秀的演讲者都非常注重对演讲材料的搜集。美国第 16 任总统林肯，用碎纸片将自己平日的所见、所闻、所感记录下来，放到自己的帽子里，闲暇时加以归纳整理。美国 19 世纪演说家维德摩迪则是准备许多信封，给它们标上醒目的标题，遇到好的材料及时记录，然后放到相应的信封里。

当然，搜集材料的过程不是单纯地将所有材料堆积的过程，它本身就带有鉴别、筛选的作用。要做一个拥有善于识别、鉴定材料的“慧眼”的人，不要将好的材料轻易放过。

2. 搜集材料的方法

获得材料的方法有很多，概括起来可分为两类：一是直接获取；二是间接获取。直接获取材料就是指演讲者以自己的经验和思想作为材料运用。在日常生活、学习、工作中，处处留心观察、认真体验，做到“事事留神皆学问”，便可以获取许多生动的资料。由于是亲身经历，这些都是真切感人的最好材料。除此之外，通过自己调查得到的材料也属于直接材料，这种材料出现频率很高，很容易被人忽略。调查材料虽然不是自己亲身经历，但由于经过亲自调查，对于事件的背景、起因、经过和结果都非常清楚，运用起来也可以细致入微，得心应手，因此也容易赢得观众。间接获取材料是指演讲者从图书文献、报刊中得到材料。这是材料最广泛的来源。运用这种材料要从自己的观察角度出发进行思考，不能人云亦云；要从材料中发掘新意，使之具有个人特色。

搜集材料是一项琐碎的基础工作，必须要坚持不懈，还要使用正确的方式方法，其作用才能体现。搜集材料可以记大意，也可摘录全文。无论哪种记录方式，都应以便于整理归类和使用为目的。这里需要引起注意的是要善于对材料进行归纳、整理、研究、分析，发掘出新意，从而提炼出自己的观点和见解。

3. 搜集材料的原则

（1）材料要有方向。生活千头万绪，书刊也多如繁星，我们不可能将所有材料收集完全。在搜集材料时要有一定的方向，而这个方向就是围绕论题进行。根据论题确定的范围，有计划、有重点地搜集材料。

（2）材料要充分。材料越充分，创作思路就越开阔，论述也能越充分，就会更有力地阐述自己的观点，更能使观众信服。因此，在搜集材料的过程中，不仅要了解事情经过的纵向过程，还要横向了解各个方面的联系；不仅要掌握正面材料，反面材料也要了解。这样才能多方位、多角度地分析和论证自己的观点，旁征博引，达到演讲的预定目标。

（3）材料要客观真实。搜集来的材料要是确实存在的，符合历史的，符合实际的。真实的材料才具有说服力，任何臆造的材料必然会与现实发生冲突而被揭穿。对于引用的材料，一定要严格检查，防止以讹传讹。

（4）材料要新颖。新奇感是影响听众注意力的重要因素。避免与其他人雷同，主要可以从三个角度出发，一是选择最近发生的新鲜事，再者是选择过去发生的不为人知的事情，最后是从一般材料中挖掘出新意来。鲁迅先生在《由中国女人的脚，推定中国人之非中庸，又由此推定孔夫子有胃病》的演讲，借古讽今，结合运用了大量的历史材料和现实材料，使听众感到新鲜、有趣。

（5）材料要典型。典型材料能够深刻地说明事物的本质，具有较强的代表性，更具说服力。其实，典型材料是相对来说的，如果没有足够的材料，也就无法发现典型材料的存在。

（6）材料要具体。有些材料叙述太过笼统，仅仅能够讲清事情的来龙去脉，虽然真实、新鲜、典型，也会让人感到“不过瘾”，这恐怕就是详略不当造成的。其实，在运用材料的过程中做些必要的渲染，会显得具体，并给人留下深刻的印象。

（7）材料要动人。现实中，很多违背常理的材料反而能够提高听众的兴趣，打动听众的感情。这样的材料往往是出人意料，存在悬念，但又在情理之中的。

总之，搜集演讲材料应遵循以上原则，才能成就一次成功的演讲。例如，美国奴隶出身的弗·达格拉斯于 1846 年在伦敦发表的一篇关于废除奴隶制度的演讲中，就为我们做了很好的榜样。以下是演讲稿的部分内容：

……这就是美国的奴隶制；没有结婚的权利，没有受教育的权利——福音的光辉透不进奴隶幽暗的心灵，法律禁止他们读书识字。如果一个母亲教她的孩子认字，路易斯安那的法律就宣布她将受到绞刑。倘若一个父亲想让他的儿子识几个字母，他立即会受到鞭笞，而在另一场合下，法庭可以随时把他处死。

……

奴隶主的残忍是罄竹难书的。……饥饿、血腥的皮鞭、锁链、口衔、拇指夹、猫爪背、九尾鞭、地牢、警犬，都被用来迫使奴隶安于他在美国为奴的处境。……（在美国）报上也时常刊登如下广告，叙述有的逃奴颈带着铁圈，脚上拴着铁链；有的浑身鞭痕；有的带着火红烙铁烧成的烫伤——他们的主人把自己的名字的开首字母烫进他们的皮肉里。……不久前发生过这样一桩事。一个女奴和一个男奴在缺乏任何法律保护作为夫妻的条件下结合在一起。他们的同居得到了他们主人的同意，而不是由于有权利这样做，他们成立了家庭。主人发现，为了自己的利益最好将他们卖掉。但主人根本不会询问他们的愿望。在拍板声中，一男一女被带到拍卖台旁。喊声响起：“瞧啊，谁出价？”想一想，是一对夫妇待价而沽啊！女的被带到拍卖台上，她的四肢照例是野蛮地展现在买主们面前的，他们可以像相马一样观察她。丈夫则无能为力地站在一边，他对于自己的妻子毫无权利，处置权是属于主人的。女奴被卖掉了。男奴接着被带上拍卖台，他的双眼紧盯着走远的妻子，他以恳切的目光望着购买妻子的那个人，乞求把他一同买走。但他最终被其他人买走了。他要同他的爱人永别了，无论他说什么、做什么，都不能使他免于这次分离。他恳求新主人允许他与妻子道别，但没有获准。在极度痛苦下，他挣扎着从新主人那里冲向前去，打算同妻子话别，但他被挡住了，并且头上挨了狠狠的一鞭，他马上被抓起来。他太伤心了，所以当命令他出发的时候，他像死人一样倒在主人的脚边。

这篇演讲催人泪下，获得了极大的成功。演讲者选材精准，淋漓尽致地揭露了美国奴隶制度的罪恶。

五、认真构思，编列提纲

这一部分主要讲的是在演讲之前所进行的一系列思考活动。说到演讲的构思和编列提纲，就是指演讲的框架，只有确定了框架，才能更好地将材料整合。演讲稿构思是否巧妙，提纲安排是否合理，直接影响着演讲的成功与否。许广平在《鲁迅先生怎样对待写作工作和编辑工作》一文中说："鲁迅先生在写一篇稿件以前，常常有一个很长的酝酿时期。有时候遇见朋友，他们就会谈起来，说他看到了什么材料，想写个什么东西；有时候也不讲，静静地读写，默默地思索，或者暗自打腹稿。有时候，看起来鲁迅写得很快，但这是日常不断地多方面地学习、积累的结果，是勤学苦练的结果。"

大体来讲，一篇演讲稿的提纲构思有以下几个方面：

1. 确定框架

构思的过程就是将演讲观点不断明朗化、条理化的过程，就是将演讲的整体轮廓固定、明确下来的过程，就是对演讲论题不断修改和补充的过程。确定了演讲的整体框架，演讲者就能做到心中有数，使中心明确，层次分明。

2. 进一步整理材料

对于搜集整理的材料，根据确立的框架做更进一步的选择和组织，这是演讲内容进一步具体化的过程。根据框架构建演讲内容的过程，也就是对材料做筛选和补充的过程。

3. 漂亮的开头

高尔基曾说过："最难的是开始，就是第一句话，如同在音乐上一样，全曲的音调都是它给予的，平常得好久地去寻找它。"这个比喻非常巧妙贴切。漂亮的开头是建立在演讲者和听众之间的引桥，能够吸引听众的注意，顺畅地表达演讲者的情感，是一次成功演讲的基调。而有的人墨守成规，一开头先是谦虚地说自己没什么准备，没什么信心，随便说说，那接下来的内容是不是也要听众随便听听，不要在意呢？这样的开头往往使听众松弛，注意力涣散。

4. 精彩的结尾

演讲的结尾是对全文的自然收束。精彩的文章结尾不一定有着相同的模式和功能，可以揭示主题，可以给人启迪，可以鼓舞士气，可以抒发感情，可以发人深省，可以富有哲理，可以增强感染力等。演讲的终点，其实是引发听众思索的起点。

同学们在完成演讲时，注意不要用以下几种方式结尾。①在演讲结束时，没有预兆，没有考虑听众的感受，不作强调，突兀做结，这叫草草收兵；②演讲结束后，非要再补充几句，或是再谈另外的事等，这是画蛇添足；③还有就是演讲结束后常常听到的"我的话讲完了，讲得不是很好，耽误了大家宝贵的时间，请大家原谅。"等诸如此类的话，这为贴用套话。

5. 突出的重点

任何演讲都有主要内容和次要内容，如果主次不清，不仅听众抓不住要领，恐怕演讲者自己也会迷失自己。

所谓演讲的重点就是应该给听众留下最美好的印象，最深刻记忆的那个部分。它会因为演讲的内容不同而有所差异。在篇首安排重点内容非常少见，一般都安排在中心靠后一点的位置，有时也会安排在结尾。对于重心的安排要体现在最能表现主题的段落上，体现在最典型、最生动的材料上，体现在高潮情节上，体现在优美的语言上。

6. 清晰的层次

这是演讲者对演讲内容的表现次序，体现演讲者思路展开的过程，也反映着演讲者对客观事物的认知过程。演讲时层次清晰，才能使中心、重点、主次井然有序。

7. 注意过渡和照应

所谓的过渡是指上下文之间的衔接，语气的转换；照应是指前后内容上的呼应。这两项要求是为了使演讲脉络清晰、文气贯通。

在演讲中，需要用到过渡的几种情况是：在讲述问题由总到分或是由分到总时；不同意思层次的转换时；表达方式发生变化时；叙述事件变化时。

而演讲中的照应主要体现在：内容与题目之间的照应；内容前后的照应；论点和关键词之间的照应；开头和结尾的照应。

六、精神准备

一场好的演讲除了有充分的材料外，还要有充分的思想上、心理上、态度上的精神准备。

1. 迫切的演讲欲望

动机是促使人解决问题的动力，对解决问题的作用是显而易见的。因此，在演讲前，演讲者对自己演讲的意义认识越充分，就会越积极、越紧张、越强烈地做好演讲准备。有了迫切的演讲欲望，演讲者会形成时刻准备演讲的心理状态，有较强的心理定势。

2. 排除侥幸心理

演讲讲究社会效益，演讲者需要有高度的责任感，演讲准备的每一个环节都需要付出巨大的心血和劳动，不能存在侥幸心理，寄希望于偶然产生的灵感。即使演讲稿已经倒背如流，也不能掉以轻心，丝毫差错都会使演讲不尽如人意。作为享有演讲家盛誉的美国总统林肯发表“在葛底斯堡国家烈士公墓落成典礼的演说”时，虽然只有短短十句话，但他整整准备了两个星期，即使在前往公墓的路上仍在做最后的斟酌。这种认真的态度非常值得我们学习。

3. 树立自信心

美国诗人爱默生说：“自信是成功的第一要诀。”自信心是演讲者重要的心理支柱，是坚定意志可以充分发挥自己创造力的保证，是在复杂的情况下保持清醒头脑的条件。而我们这里所说的自信心是建立在了解演讲环境、充分把握演讲内容的基础上的，不是那种盲目的、非理性的自信。

4. 熟记演讲稿

熟记演讲稿不仅是背诵演讲稿，而是指记忆、保持、回忆和再识的过程。特别是在脱稿演讲中，对于文章的熟记能够有助于准确理解文章的情感表达。合理安排演讲时的语速，特别是在演讲中最精彩、节奏较快的部分，更要出口自如。只有熟记演讲稿，才能在演讲时做到胸有成竹，从容镇静，侃侃而谈。

5. 做好试讲

最近几年，在中央电视台的春节联欢晚会开始之前，都会有些纪实拍摄，我们常能见到著名的主持人对着镜子绘声绘色讲演的样子。不仅是现在，林肯总统在演讲之前也会对着树桩或成排的玉米反复练习；孙中山先生也会对着镜子反复琢磨；还有人会对着亲友试讲，听取意见。做试讲，可以明确自己的长处，发现弱点和不足及时加以改正。试讲还可以消除紧张情绪，是对演讲稿进行实践修订的过程。

七、加强思维训练对即时演讲的好处

即时演讲对演讲者的思维能力要求很高，要做到思维敏捷，就需要平时做大量的思维训练。要快速思维，反应机敏；要善于想象，及时联想相关的人或事，丰富演讲内容；要善于发散思维，解决问题时能流畅地在同一方向和不同方向设想出多种方案，增强逻辑性和说服力。

下文“奥林匹克生涯已经结束”是美国著名篮球运动员迈克尔·乔丹在宣布退出篮球运动生涯时在电视告别演说中的即时演讲：

朋友们，我经常强调说，一旦我失去动力或不需要再证明什么了，我就应该退役。现在是我离开的时候了，这并不是说我不爱这项运动，我只是觉得我已经达到了自己事业的顶峰，我没有什么可再证明的了。

我不知是否会复出，退役的意思就是从今天开始我想干什么，就可以干什么。如果这意味着今后要复出，我也许会的。我不把这扇门关死。如果公牛队还需要我，我也许会重返赛场。如果我日后复出，也不会效力于另一支球队，因为我的心已经属于它了。

我的奥林匹克生涯已经结束了。

我第一次得 NBA 总冠军的时候，我父亲就劝我退役。我们当时的看法有很多不同，因为我认为，作为球员我还有许多东西需要证明，第三次夺得总冠军后，我们又谈了一次，我被说服了。

我时刻在承受着新闻媒介所带来的压力，我不会因为他们而离开球场的，这是我自己的抉择。即使我父亲没有去世，我也会作出同样的决定。父亲的去世使我看到了自己的未来，但痛苦会一天天地淡漠下去。是他的不幸提醒了我，人的一生是何等的短暂，该如何珍惜。我不能太自私，我要用更多的时间去陪我的亲人，包括我的妻子、孩子，我需要过一种正常的生活。

我退役以后，很多朋友对公牛队的实力表示怀疑，但我并不担心，这好像父亲送儿子上大学。当然，我不是他们的父亲，我告诉他们要相信自己。我认为我们有很多获胜机会。我也坚信，肯定会有更多的球星诞生。

我需要一份工作吗？我从来没有考虑过，现在也不想要，我现在想要看一看小草是如何成长的，然后再把它们割掉，我当然要经常去看公牛队的比赛，可我不会告诉伙伴们我什么时候去看。我想，我不会完全过一种正常的生活，只不过公众的关注会比以往少一些，我会怀念篮球比赛的，我会怀念夺取冠军的辉煌时刻，我会怀念每年与队友们待在一起的八个月的美好时光。

乔丹在这次演讲之前并没有拟定演讲稿，也没有做充足的准备，只是急于把自己的主要想法和当时激动的心情告诉给电视观众：应该退役、公牛队若需要自己就可能会复出、退役想法产生的过程和原因、坚信公牛队的实力、今后自己的生活重心、对公牛队的关心和怀念。迈克尔·乔丹语言流畅，感情真挚，深深地感染了电视机前的每位观众。

第四节 演讲的技巧

演讲是一门以口语表达为主，态势语言表达为辅的艺术。铿锵悦耳的口语既能完整地表达演讲者的思想，又能得体地抒发自己的感情，从而获得演讲的最佳效果。而态势语言既能传情达意，又能增强口语的表现能力，使演讲达到声情并茂，感染听众。除此之外，演讲者还应该具有良好的心理素质，沉着冷静、挥洒自如，对演讲场面进行有效的控制，这样才能完成一场成功的演讲。

在这一节中我们要谈论的就是增强演讲效果的一些方法，它不仅仅是表现形式上的要求，也体现了对内容的要求。演讲的技巧是多方面的，在这里我们只了解主要的几个方面。

一、演讲的口语表达技巧

演讲表达的主要特点就是“讲”，口语表达能力是演讲的必要条件。在演讲这种活动中，有文才，能写出好的演讲词，但不一定能讲得娓娓动听。从某种意义上讲，口才比文才重要。而真正的演讲家是既善于写作又能流利表达的人。

良好的口才往往是通过刻苦训练得来的，而演讲的口才训练，不仅要刻苦、坚持，还要懂得掌握要领。日本前首相田中角荣小时候有严重的口吃，他分析了自己口吃的原因，到深山中练习朗读，并积极争取演戏的机会。通过这种高标准的训练，他不仅克服了口吃的毛病，而且成为了著名的演说家。

1. 口语表达技巧的基本要求

演讲的语言是从口语表达角度出发的，应做到发音准确、清晰、优美；用词流利、准确、通俗；语调贴切、自然、动情。

（1）发音准确、清晰、优美。郭沫若说：“语言除意义外，应该追求它的色彩、声调、感触。同一语言或字面有明暗、软硬、响亮与沉郁的区别。”

以声音作为媒介的演讲，对语言的要求就更高，不仅要能清晰地表达演讲者的感情，还要悦耳动听。为此，演讲者应该对发音进行研究，努力使自己的声音达到最佳状态。

一般来说，最佳的语音状态应该是准确清晰、语气得当、节奏自然、清亮圆润、铿锵有力，有一定的响度和力度。无论哪个方面没有达到最佳状态，都会影响到听众对演讲内容的理解。

要收到最佳的语音效果，应该做到以下几点：

1）字正腔圆。字正，是对演讲语言的基本要求。演讲中要读准字音，声音响亮、有力，严格避免方言和误读。试想，一场错字连篇的演讲，不仅会影响听众对演讲内容的理解，也会影响演讲者的威信，降低听众对他的信任感。在读准读音的前提下，尽量做到腔圆，也就是声音圆润、婉转，富有乐感。

2）分清词界。演讲内容是由许多单音节词和多音节词构成的。单音词不会出现割裂分读的情况，但多音节词则可能因此产生歧义。例如：大会通知我四月二十日前来报到。如果将其读作“四月二十日前”，那就是应在二十日前完成报到的工作；如将“前来”看做一个多音节词，则意味着四月二十日当天进行报到工作。

3）讲究音韵搭配。谢榛的《四溟诗话》中“平仄以成句，抑扬已和调，扬多抑少则调匀，抑多扬少则调促。”这里说的就是声调的问题。汉语中的声调本身就能产生抑扬顿挫、轻重缓急的变化，本身就富有乐感美。好的演讲稿，音调平仄错落有致，会显得悦耳动听。演讲中若能交替使用单音节词和双音节词，会使语音音节和谐自然；若能在恰当的地方有意押韵，更会使语音产生回环美；另外，如能使用象声词或叠声词烘托渲染，还能收到声情并茂的效果。

（2）词语流利、准确、通俗。演讲是由口语发出信息的，听众接受信息要完全依赖于听觉作用。这一特点使演讲时需要语言一出口立即为人所懂。口语与书面语相比较有着明显的差异，主要体现在以下方面：句式短小；使用通俗易懂的常用语或比较流行的口头语；不过多地使用精确数字做例子，多数情况下用约数；较多使用诸如“依我看来”“显而易见”之类有明显个人倾向的词。当然，讲究演讲语言的口语化，也不能像平日讲话那样随意增减音节，这样不仅会损害语言的健康美，也会损害语言的完整性。

（3）语调贴切、自然、动情。语调是辅助语音表达情意的，若没有语调上的轻重缓急，就很难传情。同样一句话，如“你可真是个好人”，用舒缓的语调、轻快的语气则表示赞扬；语调前轻后重，声音较重，则是反语，表示指责。可见语调的轻重、高低、长短、急缓等不同变化，放在不同的语境里，可以表达不同的思想感情。

一般情况下，语气急骤，声音较重，表达的是坚定、果敢、豪迈、愤怒的情感；语气舒缓，声音较轻，则表达幸福、温暖、体贴、欣慰的感情；语调先强后弱则表示愉快；语调先弱后强表示热烈；语调前后强、中间弱，表达优雅、庄重、满足。掌握好语调的变换，才能使口语表达绘声绘色。

著名电影演员李默然在一次演讲研习班上发表了自己的看法：“我主张以情托声，就是用你的情感把你的声音托出来。”同时他以朗诵艾青的《我爱这块土地》最后两句 “为什么我的眼里含着泪水？因为我对这土地爱得深沉”为例，如果以声带情，大声朗读，可以震撼人，但感情不深；而以情托声，前面读得高亢，到这两句有一个小小的停顿，给人一种凝固的感觉，接着是小音量地读，这样才能表达“爱得深沉”。这段经验之谈，正说明了不能声形于外，要情动由衷。只有当演讲者对演讲内容理解很深，有真情实感，才能恰当地运用语调，达到演讲效果。

2. 口语表达技巧的训练

（1）语音训练。演讲者想要取得良好的发音效果，就需要加强语音训练，而发音的基础就是呼吸。动听的声音离不开科学的呼吸训练方法，要善于掌握自己的发音器官，自觉地控制气息。平日里可以结合实际生活情景进行训练，为发音打好基础。一般的演讲者都采用胸膛式呼吸，这种方法气量大，能为发音提供充足的动力。

吐字要求做到音节准确，完全符合普通话发音标准，这样的要求是为了使字音纯正、清晰、圆润，有表现力。具体要求是读准声母，读清韵头、韵腹和读准韵尾。演讲者平时可以根据自身的发音特点，根据薄弱环节选择一些有针对性的绕口令或有难度的文章来反复练习，力求做到吐字快而不错、快而不乱、快而不慌，语气连贯。

演讲者应尽量准确地控制和把握音量大小的变化，这样有利于准确地表达感情。高音明亮，多用于赞叹、欢乐、惊疑的感情表达；中音充实，多用于平和、舒缓的感情表达；低音深沉，多用于压抑、悲哀的感情表达。感情激荡、重心处音量要大些，反之，则小些。演讲者在变化音量大小时要适度，不能大到声嘶力竭，小到无法听清；在音量变化时也要注意自然、流畅，能体现出情感的变化。

（2）语调训练。演讲中的语调包括停顿、重音、升降、快慢等因素。语调训练是汉语口语中的重点和难点。

1）语调中的顿挫。“我赞成他也赞成你怎么样？”可以读成“我赞成他，也赞成你，怎么样？”也可以是“我赞成，他也赞成，你怎么样？”同样的一组音节，如果停顿不同，可能会产生完全不同的意思。可见，停顿不仅是演讲者正常换气的生理需要，也是表达的需要。当停则停，不能乱用，停顿太少、太短、太多、太长都不合适，这样才可以清晰地表达语意，适当地调节语言节奏，给听众留下深刻印象。

停顿一般分为语法停顿、感情停顿和特殊停顿。语法停顿一般都以标点符号为表现形式。除此之外，较长的主语和谓语之间，动词和较长的宾语之间，中心词和较长的修饰成分之间，较长的联合成分之间，虽然没有标点出现，也要做适当的停顿。语法停顿既可以满足演讲者换气的需要，也能使语句层次分明。

感情停顿是为了表达心理感情复杂而微妙的变化。感情停顿常常需要态势语言的辅助，使表达效果更为明显。如下文是选自赵国安的演讲稿《把挫折的苦果变成人生的补药》中的一段：

现在，我尚不能写出｜“笼天地于形内，摄万物于笔端”的文章，亦不能讲出｜恢弘豪壮的语言｜（分析：这两句在“出”字后停顿，既突出了用较长偏正短语作宾语的作用，也表现了作者有自知之明的诚恳态度）。可我｜正满怀信心，矢志不渝地朝着理想之地奋进（分析：在“我”后停顿，能表现出作者坚定的信心）。

除了以上两种停顿外，有些时候为了加强某种特殊效果或应对演讲现场的特殊需要，演讲者还需要增加特殊停顿。最有名的例子，莫过于英国著名政治家赖白斯在伦敦参事会上关于劳工情况的演讲。在他的演讲进行到一半的时候，突然停了下来，取出了表，在长达 1 分钟 12 秒的时间内，一声不响地盯着观众。其他参会人员都很奇怪，左右张望，不知所为何故。大部分人认为是赖白斯忘词了。就在这时，他突然大声地讲：“诸位适才所感觉局促不安的 72 秒长的时间就是每位普通工人垒砌一块砖所用的时间。”在这里，赖白斯就巧妙地利用了逻辑停顿，让在座的听众都体会到普通劳工的辛苦，突出了自己演讲的主题。

运用这种停顿不能落于俗套，更不能滥用，使听众反感。比较容易掌握的逻辑停顿有几种：举例说明之前停顿，可引起听众的思考；惊人妙语之后停顿，可引起听众的回味；精彩见解之后停顿，可加深听众的印象；气氛热烈之时稍作停顿，可让观众有抒情之机。恰当的停顿不仅可以给听众产生良好的影响，也可以调整演讲者本身的情绪。

2）语调中的轻重。说话的声音有强有弱。在演讲时，利用对某些词语重读或轻读的方法，来表现重点内容，起到强调突出的作用，这就是口语表达技巧中的重音。凡是读音比一般词语轻的是轻读型重音；凡是读音比一般词语重的是重读型重音。如：

如果世界上真有不知疲倦的人，我们敬爱的周总理呵，一生休息得最少最少。

分析：句子中的“不知疲倦”“敬爱”“周总理”应该采用重读型重音来读，显现出感情的深厚，而“最少最少”适宜采用轻读型重音来读，显现出感情的深沉。

若按照表现思想感情、内容重点或语法结构来分，重音可分为感情重音、逻辑重音和语法重音。如：

我只想：要老老实实地干好本职工作，自己的一举一动要对得起良心，对得起群众。

分析："只想"适合采用轻读型重音，表达出真诚恳切的感情；"老老实实""干好"适合采用重读型重音，表示强调，突出自己踏实的工作精神；"一举一动"适合一字一顿地重读，与后文中的两个"对得起"相配合，显示自己坦荡的胸怀。

3）语调的抑扬。语调还有高低抑扬的变化，演讲者要熟悉各种语调的特点，了解语调的变化规律。一般来说，汉语的语调变化出现在句末，大体可分为：平直调、高升调、曲折调和降抑调。其主要特点见下表。

类型	特征	应用	表达感情	例句
平直调	平稳舒缓，无明显高低变化	陈述性、说明性语句	严肃、庄重、闲适、冷淡	菊花的品种很多
高升调	语势由低到高	疑问性、反诘性语句，部分感叹语句	疑问、惊讶、反诘、激昂、愤怒、呼唤、号召	何愁无知己
降抑调	语势由高到低	祈使句、感叹句，部分陈述性语言	乞求、命令、肯定、自信、沉重、悲痛	他的理想一定能够实现
曲折调	升降起伏多变	双关语句	夸张、幽默、讽刺	他十分可爱，连头上的癞痢都非常传神

在实际运用中，语调变化不像一个表格这样简单，演讲时要充分把握自己对演讲内容和现场情况的理解，这样才不会用错，导致语意不合。

4）语调的急缓。汉语还可以通过变换语速来传达感情。我们日常讲话的速度一般保持在每分钟 120～150 个字左右。而演讲时的语速则不能太快，快则听众难懂，也会怀疑演讲者的心理素质；慢又给人迟钝之感，会怀疑演讲者缺少教养。当然，也不能通篇以相同语速讲完，要做到急缓有致，根据演讲的内容、环境、气氛、情绪等，恰当地调整自己的语速。一般可分为快、中、慢三种速率。其特征见下表。

语速	适合的内容	适合的环境	适合的心理	适合的句段	适合的修辞
快速	情节的急剧变化；质问、斥责、雄辩、表态；表现人物机智、活泼、热情的性格	欢快、紧急、命令、行动迅速、争执热烈	急促、紧张、激动、恐惧、愤恨、欢畅、兴奋	不太重要的句段	排比、反问、反语、叠声
中速	一般性说明和叙述，感情变化不大	感情平和	平静、客观	一般句段	一般陈述
慢速	抒情、议论，陈述庄重的事	幽静、庄重	宁静、沉重、沮丧、悲痛、哀悼、安闲	重要句段	比喻、引用、双关、对偶

演讲时的语速要做到快慢得体，缓急适度，快而不乱，慢而不拖，快慢结合，张弛有度。这样，便能显示出语言的清晰度和节奏感，使演讲具有乐感美。

5）语调的节奏。节奏是指艺术中各种不同的要素有秩序、有规律、有节拍地变化。朱光潜在《谈美书简》中指出："节奏是主观与客观的统一，也是心理与生理的统一。它是内心生活（思想感情）的传达媒介。"由此可知，演讲者感情的起伏变化，语调的抑扬、急缓，以及举止等要素有秩序、有规律、有节拍地组合在一起，就形成了演讲的节奏。常见的节奏特点见下表。

节奏类型	主要特点	适用范围
轻快型	轻松、欢快、活泼，语速较快	欢迎词、祝酒词、贺词
持重型	庄重、镇定、沉稳、凝重，语速较慢	理论报告、工作报告、开幕词、闭幕词
平缓型	平稳自如、张弛有度，语速一般	学术演讲、座谈讨论
急促型	语势急骤、激昂慷慨，语速快	紧急动员、反诘辩论
低抑型	声音低沉、感情压抑，语速缓慢	悼词、纪念性演讲

语速的轻重缓急，语调的抑扬顿挫，并非孤立的，而是互相联系的。演讲者情绪激动，语调自然高亢，语速自然就会快，停顿自然减少，重音自然不断增多，就形成了急促的节奏。

二、演讲的体态表达技巧

演讲者登上讲台，首先给听众留下的印象是视觉形象。演讲者端庄的体态，灵活的态势语言，能够很好地辅助口语，弥补语言上的不足，使演讲的内容表达得更准确、更生动、更完整。特别是演讲中出现的一些"只可意会不可言传"的内容，往往一个眼神、一个手势，听众就可心领神会。由此可见，在表达情感、情绪和态度方面，态势语言甚至比口头语言更明确、更具体、更富有感染力。演讲者只有将有声语言和态势语言有机地结合在一起，才能够充分地表达演讲内容，感染听众。

态势语言是信息的载体，在演讲过程中，演讲者不仅需要依靠它传递信息，还可以通过它了解到听众的思想动态，获得反馈信息。如果听众东张西望，表明是心不在焉；如果听众靠着椅背，双手在胸前交叉，可能是对演讲不是很欣赏。有经验的演讲者可以通过观察听众的态势语言了解到听众的反应，及时采取措施，重新引起听众的兴趣。

1. 态势语言表达技巧的基本要求

态势语言作为人类交际信息的载体，要求准确、鲜明、生动、端庄、大方、得体。

（1）准确、适时。所谓准确，指的是态势语言的表达要与有声语言的表达协调一致，符合演讲者的思想感情，能够准确表达演讲的内容，这也是态势语言的价值所在。

现实生活中，某一个动作所表示的含义和感情色彩大都是约定俗成的结果。演讲者要准确把握，恰当运用。例如：在我国，点头表示肯定、赞同；摇头表示否定、反对；招手表示呼唤；摆手表示再见……也是因为这种相对稳定的含义，即使态势语言不像声音语言那样意义明确，也常常可以代替有声语言。既然态势语言的含义和感情色彩是人们约定俗成的，就必然受时间、空间范围的限制。同样的态势语言在历史的不同时期、不同国度，可能意义就存在差异。我们熟知的“V”手势（伸开食指和中指），是英国前首相丘吉尔首创的，他利用这个手势表达“Victory”（胜利）。而在这之前，我国一直以来用这种手势表示数字“二”。可见，准确地使用态势语言，不仅必须根据表达内容的需要，还要注意时代特征和社会习惯。

我们在这里谈论的准确运用态势语言，不是要求像手语一样准确表示每个字的含义。这里说的“准确”是指态势语言要与演讲的口头语言表示的意义一致。态势语言本身具有的象征性，使它常常发挥着“模糊语言”的作用。例如，我们用手按住胸口，可以表示“我”或“我们”，也可以表示“由衷感谢”，而表示“心有余悸”也未尝不可。如果在演讲时非要将这三种意义在态势语言上加以区分，反而让听众不易理解，适得其反了。

由于态势语言的辅助作用，应该与演讲的口语表达配合默契，这就是所说的适时。例如：我们常常在宣誓时举起右手，如果宣誓与举手的动作之间出现较大的时间空隙，就会成为幽默情节。

所以，只有演讲者把全副身心都投入到演讲内容的思想上去表现，才能避免拘束和生硬，达到态势语言与有声语言的自然默契，浑然一体。

（2）优美、适度。演讲中的态势语言除了让听众获得信息、受到启迪外，还要让听众获得美的享受。演讲者的态势语言不能像戏剧舞台动作那样过分夸张，也不能畏首畏尾。演讲的态势语言要自然优美，恰如其分。

优美的态势语言要符合演讲者的性别、年龄、经历、职业、性格等特征。因性别不同而形成的态势语言上的差别是显而易见的：男性演讲时应该昂首挺立、威武雄壮；女性演讲时应该典雅端庄、温柔妩媚。年龄上的差异也同样体现在态势语言上，青年人朝气蓬勃、血气方刚；中年人深沉稳重，感情含蓄；老年人老成持重、沉着镇静。演讲者中有人轻快灵活，有人庄重稳健，有人缓慢斯文，有人刚毅有力，这些都是由性格和职业差异造成的。演讲者在演讲中运用的态势语言，不仅要与自己的演讲内容相协调，也要与自己的特征相吻合。当然还要顾及演讲环境、听众的接受能力和审美情趣。例如，表示自己时，应该用手掌抚胸，显得谦虚稳重，而不能用拇指或食指指自己的鼻尖，显得盛气凌人，引起听众的反感。

即使优美的态势语言也应该保证将身体姿势、动作幅度、眼神交流、面部表情等方面控制在一定范围内，否则过犹不及。

（3）精炼、适宜。态势语言毕竟是演讲中的辅助语言，应该少而精，切忌过多泛滥。演讲中的任意一个态势语言都应该经过仔细推敲，有依据，能准确、优美地辅助表达演讲内容。演讲者对于一些习惯或下意识动作，应该尽量去除。

态势语言太过频繁或是单调重复，会令人眼花缭乱，分散听众的注意力，引起反感。例如，反复踱步，不停挥手、挠头等，都是演讲的“败相”。这样的态势语言不仅不能发挥辅助作用，而且还会破坏演讲的整体效果。

2. 仪表与风度

仪表是指人的容貌身材、服饰打扮等外在因素，以及由这些因素综合体现出的气质。风度则是人们对仪表的一种衡量尺度，是人们在长期的社会生活和交往中逐渐形成的具有个人特点的举止和姿态。风度就是人的思想、品德、气质等内在素质的外在表现。这里我们要谈论的仪表与风度是一种无声的体态语言，在一定程度上反映着人的内心世界。

演讲者刚一站上讲台，听众首先通过观察他的仪表和风度形成“第一印象”，进而直接影响听讲效果。良好的仪表和风度能产生很强的吸引力，使演讲在传播真理、知识的同时也传播了美。

（1）仪表、服饰。很多人认为，身材伟岸、容貌端庄、五官匀称，这些是先天因素，在这些方面有劣势的人无法改变。美国前总统林肯，他的雄辩和幽默是举世公认的，但他曾被人称为“见过最丑的人”，甚至奉劝他最好不要出门，但他的演讲几乎每次都轰动全国。可见，身体或容貌欠佳，是可以用美的心灵、豁达的胸怀、渊博的知识以及对真理孜孜不倦的追求来弥补的。

而且，现今社会中，一些身材或容貌上的缺陷是可以采取一些措施积极弥补的。增高功能的鞋子可以弥补身材矮小的缺陷，淡雅的妆容、适合的发型可以弥补容貌上的一些问题，眼镜的装饰作用也越来越明显。除此之外，服装对于形体也有“扬美”与“遮丑”的作用。衣着可以反映人的精神气质、文化素养和审美观念，演讲者的服装应该整洁合身，色彩协调，庄重大方。这里所谓的“整洁合身”是指服装整齐、干净，与自己的身材相协调，使行动方便，与季节相符，与听众的装束协调；所谓的“色彩协调”是指演讲者的服饰应该与演讲环境和内容协调，根据场合和演讲内容选择合适的颜色和款式；所谓“庄重大方”是指衣着风格应该高雅、稳健，与自己的性别、年龄、职业的特点相协调，充分体现出自己的神韵。

（2）风度、礼仪。风度是人们在长期社会活动中形成的具有个人特色的举止和姿态，它不会是某人的某一个动作。这种由内在因素构成的个人风格，在演讲时是通过身姿体现在广大听众面前的。

身姿是人的形体在空间中的形象显现，它由头部、身躯、双腿三部分的动作构成，每一个部分的细微动作都能表现出人的感情变化。优美的身姿给人成熟、稳健的印象，直接影响着听众对演讲者的信任感。

走上讲台时，演讲者应头正，眼睛平视，口微闭，步幅适度，步伐均匀，双臂自然垂摆，体现出大方从容、庄重自信、热情亲切。

演讲过程中一般保持站姿，这样既是对听众的尊重，也能给听众展示自己的整体形象。最宜站在讲台中间，站姿要和谐、自然、端正、庄重，既便于纵观全场，又利于听众从各个角度看到演讲者的姿态。

风度和礼仪的关系密切，优美的举止是符合礼仪要求的。礼仪是人类社会生活中逐渐形成，并为大家共同承认和遵守的表示友好的方式。它是历史发展的产物，具有一定的阶级性。不同时代、不同地域、不同阶级，表示礼节的方式和要求都不相同。演讲者从步入会场、登台演讲、演讲结束、离开会场，每个环节都应该注意体态风度，讲究礼仪。

演讲者在步入会场时，要步伐稳健、态度谦和；等候演讲就座时，应与同行者稍事相让、轻声入座；落座后应坐正、坐稳，要少有小动作；当主持人介绍自己时，应自然起立，向听众鼓掌或点头致意；正式演讲前，应向主持人致谢，稳健走到讲台，向听众敬礼并且环视全场，表示招呼，然后开始演讲。

演讲开始要注意选择恰当的称呼。得体的称呼可以迅速联系听众的感情，激发听众的情绪。演讲时要热情，以良好的姿态来传达情意，当听众表现躁动不安时，仍要保持谦逊、礼貌，体现自身涵养。

演讲结束后，应面带微笑向听众致意，然后从容下台，切不可过于匆忙，显出怯态，也不可显出得意的神情。这样才不至于因为风度和仪态而影响演讲的整体效果。

3. 表情和手势

罗曼·罗兰曾说过：“面部表情是多少世纪培养成功的语言，是比嘴里讲的更负责到千百倍的语言。”态势语言中的面部表情和手势是最能传达情意的部分。

（1）眼神的运用。“眼睛是心灵的窗户”，它能准确、生动地表现人们内心中最细微复杂的感情，人们最真实的思想感情往往都会通过眼神流露出来。眼神配合语言，能表达出更为丰富多彩的感情，也可以将演讲者的学识、品德、情操、审美情趣等传递给听众。

眼神坚定、清澈，让人觉得坦荡、善良；眼神阴暗、狡黠，让人感觉虚伪、刁钻；左顾右盼，显得心慌意乱；翘首仰视，看似凝思、高傲；低头俯视，看似胆怯、害羞。演讲时，眼神同样会透露出人内心的真情意和隐秘之处，因此眼神要与演讲内容发展变化相一致。

在演讲过程中，眼睛既是信息输出的渠道，也是接受信息的工具，眼睛成为发挥组织演讲和收集演讲效果的双效工具。要做到自如地运用眼神，有以下三种方法。

1）点视法。这是一种有目的地重点注视某一局部听众的方法。这种方法可以用于对专心听讲的听众的赞许和感谢，可以用于对有疑问的听众的引导和启发，可以用于对想询问的听众给予支持，也可以用于对影响现场秩序的听众加以制止。这种方法针对性强，目光含义明确，但要适可而止，以免被注视的听众感到不安而其他听众受到冷落。

2）环视法。这是一种有节奏或周期性地环视全场的方法，主要用于掌握整个现场的动态，照顾全场听众。这种方法可以使全场听众产生亲切感，需要注意的是，一定要顾全全局，不可忽视任何角落，但动作幅度不宜过大。

3）虚视法。这是一种看似注视又未注视的方法。这种方法既可以展示演讲者端庄大方的神态，引导听众进入演讲内容所描述的意境中，又可以烘托气氛。需要注意的是，这种方法使用频率不宜过高，否则会给人傲慢的印象。

无论使用哪种眼神，都是为了辅助语言表达一定的思想内容和感情，绝对不能漫无目的地故弄玄虚。

（2）面部表情。眼神对于情意传达的作用常常是与面部其他部分的活动相配合完成的。眉飞色舞是喜，咬牙切齿是怒，蹙额锁眉是哀，笑逐颜开是乐。同样是笑，微笑、憨笑、傻笑、苦笑、奸笑，都是通过面部细微而复杂的变化来区分的。演讲者要学会灵活运用自己的面部表情，更好地辅助语言的表达。

运用面部表情要自然真切，随着演讲内容和情感的发展变化而自然流露，不能过分夸张，否则会让听众有虚伪之感。也不能毫无表情，使听众感到枯燥。为避免在听众中产生不良影响，应避免在演讲中使用傲慢、讥讽、油滑的表情。

（3）手势技巧。手是人体重要的表情器官之一，手势是态势语言中的主要形式。由于手是最灵活、动作幅度最大、变化最多的器官，因而它的表现力和感染力也最强。

从手的活动区域来看，手势大体分为三种情况：一是在胸部以上，常常用来表达慷慨激昂、积极向上的感情；二是在胸腹之间，表达叙述性的内容或平和的情绪；三是在腹部以下，常用来表示对事物的否定或憎恨、鄙视的情绪。

手势语言多变复杂，利用拇指表示赞扬，利用小指表示鄙视，这是手指的动作语言；双手手掌由分到合，表示联合、亲密，这是手掌动作语言；握拳表示力量、信心，激动的情绪，这是握拳动作语言。可见，手势的部位、幅度、方向、急缓、形状、角度等方面细微的变化，所表达的情感和含义就会有天壤之别。演讲者不应该拘泥于某些固定的模式，而是要根据演讲内容的需要灵活运用手势语言。

手势可以表达不同的思想内容，可大致分为4类。①情意手势，顾名思义，用以表达感情，使抽象的感情具体化、形象化。如挥拳表示义愤填膺，推掌表示拒绝。②指示手势则是用来表明演讲内容中涉及的人或事所在的位置，可增强真实感、亲切感。听众视线所能达到的属于实指，不能达到的为虚指。③象形手势就是用来模仿人或物的形状、体积、高度等，使听众对所讲内容有明确、具体的印象。象形手势与声音语言相结合，从而构成一种易于理解的意境。如“真心送给你”，做双手捧物送出状，自然做出一种虔诚的意境，会让听众印象深刻。④象征手势，重在表示抽象的意思，启发听众的想象和联想。

手势只有与声音语言紧密配合时，才会具有生动形象的意义。演讲者的手势必须随着演讲内容、演讲者感情和现场气氛的情况自然地表现出来。如果手势泛滥，则会让听众眼花缭乱，有哗众取宠之感。若是完全没有手势，则会让人觉得演讲没有活力。

三、演讲的控场技巧

在演讲现场，由于现场气氛、秩序，听众情绪、注意力等种种因素的影响，随时都可能产生变化。演讲者为了使演讲达到预期效果，必须及时采取有效措施，掌控现场气氛，使听众始终保持热情，集中注意力。而这种有效的措施就被称为控场艺术。

控场艺术有主动和被动之分。主动控场是指演讲者始终牢牢控制现场气氛，使听众的注意力始终都集中在自己身上。被动控制是指发现现场出现的种种状况，当机立断，控制住现场的气氛和秩序，使演讲可以顺利进行。有经验的演讲者都能熟练地掌握这两种控制手段。

1. 主动控制现场

演讲中演讲者与听众相互作用，一方面演讲者处于主导位置，听众随其感情变化而反应；另一方面，听众的反应又是演讲者调整自己表现方式的依据。以下简要谈论主动控制现场的方式。

（1）权威效应与第一印象。演讲者的声望和信誉，能使听众产生良好的心向，是听众产生兴趣和热情的诱因，它直接影响着听众的理解效果，直接影响着听众的反应和现场气氛。显然权威具有积极的控场作用。

当然，威望的形成不是短时间可以完成的，它取决于很多因素：社会的重视、演讲者的社会地位和形象，同时也与观众的文化修养、欣赏水平有关。威望是演讲者德、智、才、学、美的综合体现。演讲者不可能都是权威人士，那么普通人要如何表现出这种效果呢？

这里要谈到的就是“第一印象”，通常情况下它也具有权威效应。演讲者给观众的第一印象是视觉形象，而这往往能决定听众的注意力集中程度。因此，演讲者如果能够自信从容地“亮相”，给听众留下美好的第一印象，使观众给予较高的评价，得到听众的信任，这就是积极的主动控场的表现，是演讲成功的秘诀之一。

如何把握听众给予的“第一印象”呢？可以从演讲者的性格、态度、能力等方面出发。稳重、活泼、谦和、自信或幽默的性格容易赢得听众的热情；热情、真挚、公正或认真的态度能够博得听众的好感；而聪慧、机敏、博闻强记、学贯古今能够使听众倾倒。因此，当走上讲台的那一刻，演讲者就应该以诚恳的态度，坚实的步伐，成熟的心理，从容转身，恭敬地鞠躬致意，显得文雅庄重。

“第一印象”还包括“开场白”，这是对整个演讲基调的确立，也影响着演讲的效果。精彩的开场可以瞬间吸引观众，引起观众的高度兴趣和注意力，这也是积极的主动控场的手段之一。

（2）“角色整合”和高潮设置。有经验的演讲者都知道，想在演讲开始的一两分钟之内吸引听众的注意，还是比较容易的。若让这种注意力保持在五分钟以上就比较困难了。一旦失去听众的注意力，想要恢复就更困难了。因此，应该尽快地将听众“拉住”，而这种方法就是要演讲者快速“进入角色”。这就需要演讲者把自己的感情融入到演讲内容中，如同演员一样，将自己的理解、感受、情感等自然地表达出来，使真挚的情感与逻辑力量结合，让听众为之倾倒。

初学演讲时，想要准确地表达感情不是很容易。除了要熟悉掌握演讲内容，充分酝酿感情之外，还应注意做好“角色平衡”。在日常生活中与人相处属于自在状态，而在演讲活动中变成了主体，生活中的惯性会不自觉地影响演讲者的表现，这时需要及时调整状态，实现角色转换，这就是所谓的“角色平衡”。这是一个极其复杂的整合过程。首先需要演讲者对自己有正确的评价，还需要克服临场的心理作用。另外，只有了解熟悉内容，才能把自己的思想融入其中，可见这也是主动控场的重要方面。

演讲者情绪最激昂，气势最雄浑，与听众交流最融洽的时刻，就是演讲的高潮部分。如果一场演讲可以做到高潮迭起，演讲者自然就掌控了整个现场。那么如何设计演讲高潮呢？主要的做法就是以情激情，以心换心。简单地说，深邃的思想能使听众深思，引起积极响应；风趣的谈吐可以引起听众的兴趣；奇闻轶事可以活跃气氛；广博的知识可以使听众精神振奋；精辟、严谨的论证可以征服听众；设置悬念或提问可以引发听众思维；真挚的情感迸发，贴切的态势语言，尤其感人肺腑。

（3）完善形象和巧妙结束。主动控制，还需要特别注意演讲接近尾声时自我形象对观众的影响。有的演讲者因为之前非常顺利，而在结尾时显得洋洋得意；有的演讲者因为之前不尽如人意，而心情浮躁，草草收场；有的演讲者在结尾时放纵感情，有的则画蛇添足；有的因为听众注意力不集中而发泄不满，有的则露出疲倦神态……这些失误往往会使听众精神松弛、秩序混乱，使演讲失去光彩。

那么要如何做好演讲的收尾呢？其实越是接近尾声，演讲者越是应该以饱满的热情，完善自我形象，从容镇定，善始善终。在演讲的结尾处设法异峰突起，显示出一定的高度，使听众回味无穷。

2. 被动控制现场

演讲者应该具有敏锐的观察力，及时发现现场的异常情况，迅速判断形成原因，当机立断，有的放矢，采取有效措施妥善处理，控制现场的气氛和秩序，使演讲能够顺利进行。这也是我们所谓的临场应变能力。

（1）引起兴奋。这主要是针对冷场的处理方法。当演讲现场遇到听众注意力分散，出现打瞌睡、交头接耳，甚至有人离场的情况，演讲者不能丧失信心，不能任其发展，不能出言呵斥，而应该立即分析原因。一般情况下，冷场一般是因为演讲内容太长或太空洞、太抽象；语速太快或太慢；语言含糊、吐字不清；表达过于呆板。这时就需要给听众提神醒目，引起其兴奋。

引起听众兴奋的方法很多，可以突然增大音量或骤然停顿引起听众的注意；也可以以奇异的举动引起听众兴趣；可以有意提问引发听众思考；可以穿插故事活跃气氛。例如：伟大的革命先行者孙中山先生在广东大学演讲时，由于人多屋小，天气闷热，很多听众昏昏欲睡。孙中山先生巧妙地穿插了一个小故事。讲的是他在香港读书时，遇见一群聚在一起的苦力工人，他们正谈得起劲，还有人大笑，就上前去问究竟。其中一个人告诉他，有个工友，用辛苦攒下的五块钱买了张马票，记住号码后，把票藏在平时挑东西的竹杠里。等到开奖时发现真的中了大奖，便想着以后可以过好日子了，将竹杠扔进了海里。当然马票也丢了。钱没到手，竹杠也没了，结果空欢喜一场，人也生了病。故事结束后，现场的听众大笑起来，困意也消了。孙中山抓准时机言归正传："对于我们大家，民主主义就是这根竹杠，千万不能丢啊！"孙中山先生这种旁征博引加诙谐幽默的方式取得了良好的效果。

（2）缓解矛盾。这主要是针对轰场的处理方法。当现场出现听众吹口哨、喝倒彩、喧闹捣乱等秩序混乱的情况时，演讲者不能大动肝火，而应立即冷静下来分析原因。一般情况下，产生轰场的原因无非是听众的期望与演讲的内容、现场发生矛盾，或是演讲者的期望与听众心理、现场产生矛盾。对待轰场，应该先缓解矛盾，再迂回解决。

若是因为"卡壳"，那就放手一搏，放弃忘掉的内容，大胆地继续演讲，不要因为忘记而中断演讲。若是忘记非常重要的部分，也可以将后话提前说，待到临近结尾时进行补充，这样演讲内容既完整，也保持了连贯性。还可以在忘记的部分转换话题，就之前内容进行发挥。另外，还可以对观众进行提问来转移注意力。这里提到的转换话题和提问一定要与演讲的主题有关，不能跑题。

若是说错、说漏，一般情况下，可以采取当即纠正的办法，就是将正确内容再讲一遍，虽然将错误及时纠正了，但在内容上显得重复。在能力允许的情况下最好采用"以错为靶"的方法。将错话当做反面观点来批驳，自然将话题引到正确的方向上来，这样可能还会得到意想不到的效果。

若是听众观点与演讲者观点相悖，更要注意迂回，千万不可当众驳斥，以免造成僵局。应该以温和的语气、诱导的手法缓解矛盾。主动说："我的看法有些同志不愿接受，对同一问题有不同看法是很自然的，大家所讲也不无道理，不过……"用这样的模糊语句委婉讲解，让听众可以体面地撤退。然后再用"可是""但是"之类的语言转变话锋，完成自己的论题。

当然如果遇见蓄意破坏演讲的人，就另当别论了，必须当面揭露制服。例如，我国女作家谌容在美国某大学发表演讲时，有人蓄意向她提出挑战性很强的问题："听说您至今还不是中共党员，请问您对中国共产党的私人感情如何？"谌容听后微微一笑，机敏地回答："你的情报准确，我确实还不是中国共产党党员，但我的丈夫是个老共产党员，而我同他共同生活了十几年尚无离婚的迹象，可见，我同中国共产党的感情有多么深。"这一席话将一个十分敏感的政治话题化为无形，使提问者十分难堪，陷入尴尬的境地。

（3）因势利导。这主要是针对意外情况发生时的处理方法。演讲过程中有时难免会出现突发性的意外情况。这些问题有的是环境造成的，有的是演讲者自己造成的。遇到意外，演讲者应该沉着冷静、随机应变地处理。走上或走下讲台时，在众目睽睽下跌倒，有位演讲者说："同志们！我确实为大家的热情所倾倒！谢谢！"全场为他绝妙的应变报以热烈的掌声。演讲环境不良，设备故障的情况下，曲啸以“同志们！革命者连死都不怕，还怕这一点小小的困难吗？”开始了他没有照明、没有麦克风的长达两个半小时的演讲，听众为之折服。

随机应变是难度很大的技能，要求演讲者在短时间内做到观察细，感受深，分析准，反应快，若没有平时的培养和训练是很难做到的。

第五节 自身修养

许多人认为演讲是一种单纯讲究技巧的语言活动，只要掌握了一定的技巧就能成为一位出色的演讲者。事实上这是对演讲的一种误解。每一次演讲虽然看似短暂，几分钟、十几分钟，最长也不过几个小时，但在这短短的时间里展现出来的却是演讲者自身修养的全部。范开在《稼轩词序》中开篇提到“器大者声必闳，志高者意必远”。说明文章的好坏与作者的修养有着密切的联系。演讲也是如此，演讲者的自身修养往往是被人忽略的却是最重要的因素。如果学习演讲时将主要精力放在学习技巧而忽略了自身修养，就会本末倒置，永远也达不到理想的境界。

那么要成为一名优秀的演讲者，需要从哪些方面提高自己的能力呢？首先是道德品质和广阔的胸怀，然后才是学识和见闻等方面。

一、高尚的道德品质

一场成功的演讲可以达到两个目标：一是教育他人，即用正确的观点、高昂的情绪说服、打动和感染听众，使他们赞同自己的观点，继而响应甚至行动起来。另一个是自我教育，即在准备和进行演讲的过程中，自己要站在正确的立场上，用正确的理论来武装自己。这才是一个初学演讲的人最应该注重的方面。

孟子说：“我善养吾浩然之气。”这里说的“浩然之气”就是高尚的道德情操，在文中他还论述了这种“浩然之气”要达到“至刚至大”“配义与道”的境界。孟子把建立高尚的道德情操看作是立言立身之本。今天，我们进行演讲最基本的所需就是这份“浩然之气”。一个演讲者的认知水平如何，首先取决于他的世界观、人生观、价值观。只有树立了正确的世界观、人生观和价值观，才能正确地观察、分析、评价社会上的人和事，才能得出符合真理的科学结论。这样才能抓住所处时代的脉搏和历史发展的方向，把握事物本质，体察入微，从而使自己的演讲具有号召力，被听众所接受。

对今天的青年人来说，我们想要做好演讲，首先要培养自己的道德修养，使自己成为一个情操高尚、热爱生活、奋发图强的人。这样的演讲就不仅仅是依靠言辞来打动人、感染人，而是以演讲者本身的榜样力量来让人信服和感佩。

二、丰富的文化知识

历史上许多优秀的演讲家都验证了丰富的文化知识是演讲取得成功的必要条件。青年人想要学习演讲，更要不断地、广泛地涉猎丰富的知识，用知识武装和充实自己。而这里提到的文化知识，不仅仅是自己所擅长专业的，更不仅仅是书本上的，还应包括以下几个方面：

（1）在演讲中常常涉及的是文学艺术方面的知识，比如名人名言、成语典故、名篇佳作、逸闻趣事等。这些知识可以直接丰富演讲的内容，增强感染力，还可以让演讲者从中汲取营养，从整体上提高文化素养和审美观念，然后通过演讲把最美好的东西传递给听众。

（2）在演讲中还会涉及很多社会知识，包括文明礼貌、风土人情、天文地理、法制、纪律、军事、经济、外交等。获得这些知识单单依靠书本是远远不够的，还应该向社会、生活不断学习，积极参加社会实践活动，从中受到教育，增长知识。

演讲的成功与否不仅仅是演讲者一人决定的，还受到很多因素的制约，如听众的素质、接受能力、现场的环境等。但是有一点是可以肯定的，一个演讲者的文化素养越高，他的演讲内容就会越丰富、越生动，越容易做到深入浅出、雅俗共赏，就会产生比较广泛的适应性。他们所需要的材料信手拈来，运用得得心应手，遇到意外情况也能用自己丰富的知识巧妙应对，达到更好的效果。

三、敏捷的思维能力

成功的演讲往往有很强的针对性和时代感，因而才能产生强大的感染力和说服力，想要做到这一点，就需要依靠个人的思维能力。所谓的思维能力，就是指人们对客观事物的观察、分析、判断能力。这正是演讲观点的针对性和时代感的由来，这些特点是从现实的生活中、身边的人和事，通过细致观察、深刻分析和准确判断得来的。优秀的演讲者不仅能够从生活中观察、分析和判断现实情况，还可以从中挖掘新意，找出规律，看到事物的本质。这些就需要长期的训练和积累。

除此之外，一个演讲者的思维能力还应该包括丰富的想象和联想能力。事物之间由表及里、由此到彼、由现象到本质的思维过程是离不开想象和联想能力的。想象和联想还可以将事物具体化、形象化，可以使枯燥的理论生动有趣。例如，鲁迅先生应邀到黄埔军校做题为“革命时代的文学”演讲，在讲到“革命”时他说：

其实“革命”是并不稀奇的，惟其有了它，社会才会改革，人类才会进步，能从原虫到人类，从野蛮到文明，就因为没有一刻不在革命。生物学家告诉我们：“人类和猴子是没有大两样的，人类和猴子是表兄弟。”但为什么人类成了人，猴子终于是猴子呢？这就因为猴子不肯变化——它爱用四只脚走路。也许曾有一个猴子站起来，试用两脚走路的罢，但许多猴子就说：“我们的祖先一向是爬的，不许你站！”咬死了。它们不但不肯站起来，并且不肯讲话，因为它们守旧。人类就不然，他终于站起，讲话，结果是他胜利了。现在也还没有完。所以革命是并不稀奇的，凡是至今还未灭亡的民族，还都天天在努力革命，虽然往往不过是小革命。

这一段精彩的想象和联想，把革命和守旧与民族存亡的关系讲述得生动形象、深入浅出。当然这不是单纯的素质问题，而是建立在丰富的文化素养和社会经验的基础上的。

四、精彩的口语表达艺术

演讲是一门综合性的语言表达艺术，可以借鉴其他语言表达艺术的长处和特点。例如，可以根据演讲内容的不同，运用朗诵时抑扬顿挫形成的激情，相声的风趣幽默，交谈的平易近人，辩论的逻辑雄辩力量，报告的条理分明等。

这里说的口语表达艺术不仅是理论上的语法、修辞、逻辑方面的问题，还是在实践中的修养。具体来说，演讲者的语言表达应从以下几个方面加强。

1. 语言准确清楚

成功的演讲要让听众听懂演讲者的意思。只有准确清楚的语言才能使听众明白演讲内容。看似容易，真正要做好也不易。那么要如何做到准确清楚呢？

（1）科学性。语言只有具有科学性才能如实地描述客观事物，才能表达真实的思想感情，才能令人信服和接受，模棱两可、自相矛盾和含混不清的语言都无法让听众接受。语言的科学性还表现在准确的用词上，避免歧义发生而引起误解。另外，句子的精炼也是语言科学性的体现。演讲不像文章可以反复品味，每句话稍纵即逝，因此应尽量避免使用复杂句子，减少修饰成分。多用短句，力求简洁。

（2）语言朴实。在演讲中，故作深沉、半文不白的语言着实让人头疼。对于一些比较复杂的理论问题，关键是能够使用朴实、平易的语言来表述，哪怕是专业用语，也可以加上通俗的解释，让听众明白。

（3）口语化。口语化的要求就是演讲稿要明白如话。有些同学为了突出时代感，会选用非常时髦的词语，不仅使很多听众无法理解，他自己对这些词语都不甚了解；或者喜欢从书刊杂志上选取现成的词句，这样就破坏了演讲稿的统一风格，使演讲变得枯燥无味。马克思曾说："你怎么说就怎么写，怎么写就怎么说。"就是这个道理。

2. 语言形象生动

准确清楚是演讲语言最基本的要求，要想演讲稿可以吸引、打动听众，还需要鲜明生动的语言。历史上有名的"望梅止渴"的故事，就说明了调动人体感官感觉可以让听众产生身临其境的感觉。曹操就是通过对青梅进行视觉、嗅觉、触觉、味觉的描述，使饥渴的士兵产生对酸味的条件反射，流出口水，完成行军任务的。

语言形象生动的演讲就有了生命，无论什么主题，没有生动形象的语言，犹如空洞的说教，达不到演讲的理想效果。

3. 语言诙谐幽默

演讲中出现一些幽默的语言，要比任何华美的词句都能感染听众的感情；利用笑话讲述道理要比严肃的说教更能让听众受到启发。幽默诙谐的语言可以是即兴的，也可以根据演讲主题的需要，在传说、典故、现实实例、逸闻趣事中进行选择。将这些内容运用到恰当的地方，不仅可以使听众更容易理解和接受，又可以形象生动地寓教于乐。

但诙谐和幽默不能牵强附会到文章中去，更不能庸俗地故意制造笑料。幽默是一个人高智慧、高教养和道德优越的综合表现，是优雅的、高尚的。

五、积极进取的心理素质

很多青年人最怕在领导、长辈，特别是在大众面前讲话或发表意见。如果非说不可，会紧张得将之前的准备忘得一干二净。即使鼓足勇气，也会断断续续、语无伦次，表达不清。这些主要是心理作用在作祟。

作为一名演讲者，应该具备积极进取、乐观向上的心理素质。

1. 培养自信心

许多人不会演讲、不敢演讲，并不是自身表达能力上的缺陷，而是缺乏自信心，因此可以说自信是演讲的立足点，是演讲者最重要的心理素质。怎样才能信心十足呢？

（1）准备充分，成竹在胸。每一次演讲前，都作好充分准备，全心全力准备讲稿，反复试讲。相信自己演讲的内容是大家感兴趣的，准备是充分的，这种心理暗示可以让演讲者在演讲时镇定自若，并保证自己情绪稳定、思维清晰、记忆准确，使演讲取得成功。

（2）专心致志，排除杂念。演讲临场时，应将注意力和兴奋点集中在演讲内容上，不考虑成绩、不考虑对手、不考虑演讲对象，避免患得患失，才能使演讲成功。初学演讲者缺乏控场能力，更要高度集中注意力，甚至不要考虑听众的反应，只需要将自己准备的内容完成。千万不要因现场的气氛变化而丧失信心，草草收场，导致演讲失败。

（3）积极对待，乐观向上。每个人进行演讲都想取得成功，但失败却是难免的，也不要把失败看得过重。如果失败了，可以从中总结经验，吸取教训，继续实践，还是会获得成功的。有这种积极乐观的态度，才能稳定自己的情绪，从容地完成演讲。

2. 追求更好的心理

一个优秀的演讲者从不会满足于自己已经取得的成功，更不会沾沾自喜，始终保持着永不满足、永远进取的心理。每一次演讲的成功都是下一次的起点，对待任何演讲都绝不马虎，绝不凑合，追求尽善尽美。

六、端庄大方的仪表风度

一位演讲者从走上演讲台之时，直到演讲结束回到座位，他的仪表风度、一举一动都是听众观察的对象。通常情况下，演讲开始的部分，听众对演讲内容的注意较少，而对演讲者的仪表风度较为看重。可见，一次成功的演讲不仅要求演讲者准备有正确而充实的内容、使用精彩幽默的语言，还要注意自己的仪表。整洁的仪表和风度翩翩的举止可以产生一股强大的吸引力，给听众留下美好的“第一印象”，从而产生好感和敬意。虽然容貌难以改变，但其他的几个方面都是可以通过学习和锻炼加以修正的。

1. 态度。

演讲者的态度应该是根据演讲的内容来确定的，但无论任何主题的演讲都应具备以下基本态度。

（1）自然。初学演讲者在演讲过程中表现得紧张严肃或扭捏作态，这两者都是不可取的。应该采取自然大方的态度，便于引起观众的好感，取得演讲的成功。

（2）诚恳。演讲者最忌讳态度虚假，一旦在演讲中让听众感觉演讲者没有做到以诚相待，即使再精彩的内容，也会认为是言不由衷的。一旦失去了听众的信任，演讲很难获得成功。

（3）谦和。演讲者也忌讳态度傲慢，更忌讳盛气凌人。无论听众是什么人，演讲者也不能有丝毫傲慢的表现。谦逊和蔼的态度是对听众的尊重，能缩短与听众之间的距离，使听众乐于接受你的观点和感情。

（4）热情。演讲者对待每一次演讲都应满腔热情，全力以赴。如果你对自己演讲的内容很冷淡，那么听众就更不会产生兴趣了，这样的演讲是注定要失败的。

2. 举止

听众喜欢举止潇洒大方的演讲者。因此，演讲者从一开始走向讲台起，自己的举手投足都应当保持稳健自然、落落大方、精神饱满，使听众产生好感和敬意。而装腔作势则会引起听众的反感，举止过于迟缓、松弛、慌张、急促都会给演讲带来不好的影响。

3. 服饰

演讲者的服装应该适合自己的身材和特点，基本要求是端庄整洁、朴素大方，款式简洁明快，色调和谐优雅。太过华丽的服饰和过多的装饰都不适合在演讲时穿戴，这样会分散听众的注意力，影响演讲效果。正式场合也不适宜穿短裤、背心。

4. 发型

演讲者的发型应该自然大方，男性不要留长发，女性不要梳怪异的发型。

综合训练

一、判断题。

1. 演讲是指在公众场所，以有声语言为手段，针对某个具体问题，鲜明、完整地发表自己的见解和主张，阐明事理或抒发情感，进行宣传鼓动的一种语言交际活动。（ ）

2. 演讲是一门既古老又年轻的科学。（ ）

3. 演讲是一种具有鼓动性的语言表现方式，因此演讲的首要特征是鼓动性。（ ）

4. 古人云：“言之不足手之舞之足之蹈之。”这句话说明了演讲中态势语言比口语语言有更好的表达效果。（ ）

5. 口语表达中的快速语调，主要用于表达情节急剧变化，表现的是重点情节。（ ）

二、填空。

1. 演讲的特征：______、______、______、______。

2. 演讲的方式分为________、________。

3. 口语表达中，语调大体可分为______、______、______、______。

4. 演讲的控场技巧可分为_______和_______。

三、多选题。

1. 演讲按形式区分，可以分为（ ）。

A. 即兴演讲　　B. 命题演讲

C. 学术演讲　　D. 政治演讲

E.“使人知”演讲

2. 对于演讲者个人来讲，演讲的作用主要体现在（ ）。

A. 树立自己的正义感　　B. 促进自己成材

C. 激励自己多做贡献　　D. 融洽人际关系

3. 演讲的选题原则有（ ）。

A. 符合时代精神　　B. 符合听众要求

C. 贴合演讲者身份　　D. 注意演讲场合

4. 演讲中态势语言表达的基本要求是（ ）。

A. 准确、适时　　B. 简单、适合

C. 优美、适度　　D. 精炼、适宜

5. 演讲者的自身修养包括以下六个方面：高尚的道德品质，丰富的文化知识，敏捷的思维能力，精彩的口语表达艺术，其余两项是（ ）。

A. 端庄大方的仪表风度　　B. 巧舌如簧的诡辩技巧
C. 精彩的口语表达艺术　　D. 强大的理论支撑
E. 复杂的逻辑技巧

四、根据本章所学知识，体会下文中张海迪在演讲中的两段话，分析其演讲节奏。

有一位朋友对我说：玲玲，我有时觉得心里很空虚。我就请他跟我一起学习。我说：我们要是学了知识，就会感到生活充实了。从此，这位朋友就一直坚持学习。1979 年他参了军，参加了边防自卫反击战。在战场上他写来这样一封信，说：玲玲，我现在在战场上给你写信，这儿硝烟弥漫，战友们都冲上去了，也有的战友倒下了。玲玲，我现在想得很多很多，我想我自己要是牺牲了没什么，可是要被打残废了怎么办呢？他说：你知道吗？这个时候我想起了你。我觉得你虽然腿残废了，但是你还是坚持工作和学习，我要像你那样生活下去。结果，他在战场上勇猛作战，入了党，并且和他的战友们一起荣立了集体三等功，顺利地返回了内地。

有一次，我趁爸爸、妈妈上班的时候，收捡好东西，给爸爸妈妈写了一封遗书。我在遗书中说："亲爱的爸爸、妈妈，女儿要离开你们了。当我就要离开你们的时候，我的心里是多么难过。我是一个热爱生活的姑娘，活着是多么好。可是疾病使我失去了创造美好生活的权利。虽然我有病，但是，我不愿做这沸腾生活的旁观者。我愿像别人一样，做一个社会主义建设者，爸爸、妈妈，请你们原谅我，原谅我。我永远也不会忘记跟你们生活的那些岁月。我吞服了大量的安眠药，并且还给自己打了冬眠灵。我躺在床上，静静地等待离开这个世界。"

五、请全班同学将自己感兴趣的话题写在字条上交给老师，然后让同学逐一走到讲台前抽签，并对字条上的问题做一分钟的即兴演讲。

六、面对全班同学，以"我的学校生活"为主题，准备 3 分钟。

第四章

论　辩

论辩作为人类社会的一种特殊交际形式，包括“论”和“辩”两个方面。论辩是“论”与“辩”的有机统一体，本质上是一种语言的对抗艺术。论辩有针对现实生活中某种特定需要而进行的实用类论辩，包括外交论辩、军事论辩、学术论辩、法庭论辩，以及其他日常生活中为了解决实际问题而进行的论辩；还有以培养辩才和机变能力为目的的论辩。

论辩是人类认识真理的需要。从客观的角度来说，客观事物之间的关系错综复杂，事物的本质暗藏在事物表象背后，这就给人们认识客观事物带来一定的困难。所以只有通过论辩，才能明辨是非，明白事物的是非曲直。相反，从主观角度来说，不同的人对客观事物的认识是不同的，不同观点的各方，为了证明自己观点的正确，势必会产生交锋。从本质上来说，论辩是一种高级的智力游戏，离不开逻辑思维。因此，论辩的目的是使人们明辨是非，统一认识。

本章就是要学习论辩知识，进行论辩训练，提高思想认识水平，锻炼思维的敏捷性、条理性，提高口头表达能力，以适应现代社会对人才素质的要求。

学习目标

1. 理解论辩的概念。
2. 了解论辩的特征、论辩的分类。
3. 了解论辩赛的流程。
4. 掌握反驳的方式。
5. 掌握增强论辩攻击的方法。

第一节　论辩概述

一、论辩的定义

论辩，又称辩论。“论”有议论、评定的意思；“辩”则包含有辩论、辩伪、辩明之意。论辩是对立双方就一个有争议的问题针锋相对地发表意见或论述，以驳倒对方观点，分清是非的口语表达形式。

论辩作为人类社会的一种特殊交际形式，包括“论”和“辩”两个方面。所谓“论”是指论理，即根据一定的需要和原则分析说明事理。所谓“辩”，是指辩驳，即根据一定的理由驳斥某种观点。论辩是“论”与“辩”的有机统一体，本质上是一种语言的对抗艺术。一场完整的论辩由辩题、立论者、驳论者三部分组成。论辩一般有开始、展开、结束三个阶段，缺少其中任何一个阶段，都不能称为是一场完整的论辩。

论辩的作用具体体现在以下几点：

（1）统一人们的认识。论辩的产生正是由于人们认识的不统一，进而通过论辩的形式，使人们认清事物真相，对认识的优劣、得失进行比较，最终在新的基础上使人们的认识得到统一。

（2）有助于认识真理。真理同谬论是相对存在的，二者互相争论的过程就是论辩的过程。论辩虽然有多种类型，但其根本目的在于使人们明辨是非，认识真理。

（3）激励新思想的产生。水本无华，相荡乃成涟漪；石本无火，相击始发灵光。智慧和智慧的碰撞会发出熠熠的火花，产生新的思想。

（4）培养竞争意识。论辩实质上是认识的竞争，是智力的竞争。要想在论辩中取胜，就必须有不屈不挠的精神。如果遇到反驳方就畏缩不前，那么不可能取得论辩的胜利。

（5）提高民族素质。通过对社会问题的论辩，一方面可以唤起人们对社会问题的注意，动员舆论力量去支持正确的主张和行为，斥责错误的言论和行为。另一方面，公民参与论辩，可以体现人类社会的民主和自由，可以反映人类社会的文明和进步，可以使整个民族的智慧得到开发，激发全民族探求真理的意识。与此同时，人们也可以认清自身的优缺点、长短处，从而不断提高民族素质。

二、论辩的特征

论辩作为一种独特的交流方式，有着与其他交流方式不同的特点。

1. 论题的实用性

我们的日常生活充满矛盾，要想解决矛盾、明辨是非、维护真理，就离不开论辩。论辩可以明辨是非，提高人们的思想水平，培养人们思维的敏捷性和语言的条理性，进而提高口语表达能力。

2. 论辩的同一性

论辩的同一性是指论辩的命题双方均能引出自己的观点，并形成对立性的根据；要遵守形式逻辑的同一律，不转移话题，也不偷换概念，否则双方将不能展开论辩。在论辩训练中，应遵循以下原则：

（1）辩题要有实际意义，论题本身要有一定的理论价值，并要有论辩的余地。

（2）辩题的正反两方面的论点基本上能势均力敌，能够形成交锋的对峙阵势，使双方都具有深入探讨、展开辩论、持枪夺标的可能性。

（3）辩题要用概念明确的判断句。

3. 观点的对抗性

观点的对抗性是指双方站在尖锐对立的立场上，根据论辩命题，确立自己的观点，与论辩对方形成截然对立的观点，否定对方的观点。不能立论不明、模棱两可。要遵守逻辑的排中律，正反方观点在论辩中形成的言语角逐，常常表现出针锋相对的情势。因此，观点的对立、语言的对抗是其主要特征。

例如：近朱者赤，近墨者黑。（正方）

近朱者未必赤，近墨者未必黑。（反方）

4. 论辩的技巧性

论辩的取胜之道全在一个"巧"字。论辩的技巧性主要表现在以下两个方面：一是及时、适当地运用论辩技法；二是语言简洁、生动、准确，有攻击力，有雄辩色彩。

5. 论辩的口语性

论辩的口语性是指论辩中的信息是通过声音，双向、快速传递的，信息量大。

6. 论辩的机敏性

论辩中的机敏性，是指在论辩过程中，双方的辩驳和反馈必须表现其高度的判断能力、敏锐的思维能力以及机智缜密的语言运用能力。论辩过程中，双方思维的紧张程度远远超过一般的日常交谈。表现为破中有立，破是攻，立是守。攻要有力，或全面否定对方观点，或攻其一点，或攻其不备。攻是为了立，立要稳妥、坚定，观点要鲜明，论据要充足，论证要严密。而且要及时察觉并抓住对方论辩中的诡辩、谬误以及论证的弱点，以此来组织反驳。

7. 论辩的学术性

论辩的过程是一个充满逻辑推理、演绎论证的过程，需要严谨的科学态度和广博的学识。因此，论辩往往比其他交流方式更具有浓厚的学术色彩。有些论辩的焦点本身就是学术性的，所以论辩的胜利者往往被视为有学识的人而受到尊重。

8. 论辩的即时性

很多论辩的产生非常偶然，人们没有准备时间，但是论辩的结果却至关重要。这就强化了论辩的突然性。因此要求论辩者具有坚定的信念和高超的技巧。也正是由于这种特点，论辩本身对论辩者提出了更高的要求。

9. 论辩的隔离性

论辩的隔离性主要是指论辩在形式上允许具有隔离性。论辩的主要焦点是双方观点的不同，因此，论辩双方并不一定要保持紧密的接触。很多论辩是通过报纸、广播、电视、互联网等传播媒介进行的。论辩双方在某一论坛上论辩达几十年之久，但双方也许从未谋面，互不相识。这就可以看成是一种独特形式的交谈。

三、论辩的分类

1. 实用类论辩

即针对现实生活中某种特定需要而进行的论辩。实用类论辩包括外交论辩、军事论辩、学术论辩、法庭论辩，以及其他日常生活中为了解决实际问题而进行的论辩。

2. 竞赛类论辩

即以培养辩才和机变能力为目的的论辩，论辩双方针对某一辩题，在主持人的协调下有组织、有听众、有评判，按一定程序进行论辩。正反双方成员一般设主辩（一辩）一人，助辩（二辩、三辩、四辩）一至三人。组成成员各司其职，协同作战。主辩第一个发言，其任务是阐明本方观点及主要依据。发言时间大约在 2 分钟左右。助辩的任务是从不同角度支持主辩的观点，同时反驳对方观点。论辩赛的规则是根据场地、参加人员人为制定的。

四、论辩的要求

（1）要抓准论题的分歧点。论辩要注意求异存同，对论题范围内观点一致或者近似的部分不要纠缠，要避免无谓的争论，要集中精力及时准确地抓住双方观点的分歧所在，即分歧的焦点，展开针锋相对的辩驳。这样才能实现论辩的价值，达到论辩的目的。

（2）要以理服人。论辩时，例证要典型，引证要完整、准确，说理要有逻辑性，做到以理服人，以据服人。不能因为急于求胜或为了挽回败局，以势压人，强词夺理，甚至进行人身攻击。

（3）要遵守论辩的规则。要按规定程序发言，不要打断对方陈述观点。在己方发言时，要掌握时限，避免超时。

第二节　论辩的准备与进行

一、论辩的准备

论辩的成功取决于周密、有效的准备工作。论辩的准备要从以下几方面入手。

1. 认识准备

认识准备，就是指参赛队员在赛前对论辩赛的特点和性质要有所认识。论辩赛一直是作为比赛项目来进行的模拟论辩（即论辩演习）。这种论辩往往不问论辩者本人的立场和主张，而侧重于人们的论辩技巧。比赛双方都不会说服对方或被对方说服，而以驳倒对方、争取评委的裁决和听众的反响来击败对方。因此，这种比赛有以下三个特点：

（1）论辩的题目、论辩的程序、发言的时间等，都是由论辩赛的组织者决定的，参赛者必须按规定进行论辩，不能随意改变。

（2）比赛胜负标准包括立论、材料、辞令、风度以及应变技巧等综合因素，胜负由评委根据标准及主观印象进行裁定。

（3）论辩时只能针对对方的观点和理由进行攻击，而不能涉及对方的立场和人品，更不能进行人身攻击。

2. 核对准备

某队初次参加论辩赛，到正式临辩时，他们突然发现黑板上写的辩题为“当今青年一代是否缺乏社会责任感”，而他们事先准备的辩题却是“当今青年学生是否缺乏社会责任感”；某队经过初赛、复赛进入了决赛，在决赛开赛前，突然听到比赛主持人宣布各方允许发言时间比初赛、复赛时增加一倍，而他们事先却是按初赛、复赛规定的时间准备辩词的；更有甚者，进入赛场后，双方才知道谁为正方谁为反方。凡此种种，都是由于初赛者缺乏经验，在事先准备过程中缺少仔细核对有关比赛事项这一环节所造成的。

论辩赛的规模有大有小，层次有高有低，各主办单位的具体要求也会因时因地而不尽相同，所以论辩赛的规则也很难趋于统一。既然目前论辩赛的规则难于统一，这就要求参赛者在接到比赛通知后，不能立即简单地按照通知上的要求去准备，更不能想当然去准备，而应设法主动地找主办单位仔细核对一下通知上的各项比赛规定和要求是否属实，包括辩题确切的字面样子、正反方所属、论辩程序细则、各论辩队员的分工和允许发言的时间等，这既是为了确保本方准确无误地准备辩词，又是为了防止主办单位工作上可能出现失误。一些主办单位本身可能由于初次主办论辩赛，缺乏经验，难免出现疏忽，包括信息通知时的差错，这就要求参赛者每次都要主动认真地核对有关比赛事宜，以使比赛获胜得到基本保证。

3. 立论准备

准确无误地确立辩题后，参赛队员就可以根据辩题，共同商量，研究确立一个最有利于本方论证的具体的总论点。所谓最有利于本方，是指该总论点不仅观点正确，旗帜鲜明，而且能击破对方任何的立论，能抵挡住对方的任何攻击。

要确立这样一个总论点，首先要对辩题进行严格的审题，也就是要对辩题字面上的每个词或词组逐个进行概念分析，即通常所说的“破题”。这种分析要同时站在双方的立场审视，不能一厢情愿。尤其是要分析出哪些词或词组对对方立论具有潜在的有利因素，可能成为双方首先争论的焦点，因为一般的论辩赛双方都会抓住辩题中的某个词项解释入手开始辩论，有时整个论辩赛会始终围绕这种解释来进行。因此，尽量设法站在一定理论高度，对辩题作出有利于本方观点的界定，以获得大多数听众的认可，是极为重要的一环。

例如：1990 年第三届亚洲大专辩论会有一辩题为“儒家思想是亚洲四小龙取得经济快速增长的主要推动因素”。南京大学持反方。为了说明儒家思想不是主要推动因素，南大对“儒家思想”“亚洲四小龙经济快速成长”“主要”“推动因素”四项词组进行了剖析，发现辩论双方争论的焦点肯定会聚焦在“主要因素有多个，儒家思想是其中之一”上。于是，南大把“主要因素”界定为必须具有总揽全局的功能这一点上。这样一来，南大总论点的方向便明朗了：儒家思想只是四小龙取得经济快速成长的背景条件，而非一个主要推动因素，推动四小龙经济快速发展的主要推动因素是四小龙作出的尤为突出的能总揽全局的正确而灵活的战略和政策。

能攻能守的总论点的确立是论辩赛准备的关键，但并不等于说在实际论辩中就一定能够获胜。如何使这个总论点在实际的唇枪舌剑中充分发挥，还要有一定的战略战术与之配合。所谓战略，是指论辩中用以争取胜利的带有全局性的总的论战方法；所谓战术，则是指论战中的一些具体的技术方法。上面列举的南京大学一例，就是制定了“避实就虚”的战略，设计了一些具体的战术，才保证了整个论辩赛的成功。

综上所述，立论准备包括三个过程：审题、确立总的具体论点、设计相配的战略战术。这三个过程是整个论辩赛准备的灵魂，论辩者不应把立论准备看作是一个孤立的静止准备阶段，而是应在辩词撰写和试辩过程中随时审视先前的总论点及战略战术设计有无不慎之处，以便及时修正。

4. 试辩准备

如同其他比赛一样，论辩者要想在正式比赛中获胜，一定要在正式比赛前模拟一次尝试性的比赛，以检验自己的赛前准备是否充分。为了达到检验的效果，试辩条件和气氛要尽量逼真些，这就需要在正式参赛队员进入准备阶段的同时，能有一支与之实力相当的假设对方也进入准备阶段，并且双方都应处于“保密”状态。

试辩的另一个意图，是让参赛队员提前进入角色。前面已经说过，论辩赛的最大特点就是辩题观点不一定与论辩者本人最初的观点相一致，就像某些演员本身的性格与剧中人物的性格不一致一样，需要深入生活，深入实践才能进入角色。论辩赛在比赛过程中不仅有理论上的正面交锋，还有辩论风度、情态等方面的表演，通过试辩往往能促使参赛队员不仅在理论上，而且在情感上也完全站在所持的辩题观点上，以便逼真地表现出慷慨激昂、理直气壮、义正词严而又通情达理地维护真理的样子。对于初赛者来说，试辩还可以提前锻炼一下上“战场”的胆量，培养一下临场的经验。

试辩一般宜在正式比赛前一两天举行，这类似于赛前的热身赛，使论辩者保持最佳竞技状态。试辩的程序应严格按照正式比赛的程序进行，无论正式比赛是否设有赛后听众提问，试辩赛一定要有听众提问的环节。这个道理很简单，无论“假设对方”准备得如何充分，都比不上众多听众的眼亮耳明，参赛队员在试辩过程中完整地亮出主要观点和战略战术，“假设对方”可能没有一下子找到击破的方法，听众赛后提问，则可弥补“假设对方”论战的不得力。

试辩结束后，参赛队员应与“假设对方”迅速共同进行总结，对原先准备的辩词和论辩技巧作相应的调整、修正和补充，这样赛前所有的准备便完成了。

5. 立场的确立

古人云：“上兵伐谋，攻心为上。”专业的论辩赛首先是论辩双方在论辩思路与立场上的较量。对于一个已经确定下来的辩题，如果能找到最佳的思路，确立好自己的立场，那么就能使己方占有更大的优势。

在论辩赛中，论辩命题一般可分为事实命题、价值命题和政策命题三种。事实命题是讨论某件事是否真实，如“儒家思想是亚洲四小龙取得经济快速增长的主要推动因素”，这类命题注重举例论证，要求论辩者掌握大量的材料。价值命题一般是讨论某件事是否合理，如“发展旅游业利大于弊”，这类命题要求论辩者有很强的逻辑推理能力，对辩题的背景知识有深入的了解。政策命题是讨论某件事该不该做，如“亚太地区国家应不应该成立经济联盟”。它要求理论与实践结合，既需要逻辑推理，又要有大量的材料佐证。因此论辩比赛中政策命题较为常见。对论辩命题分类的意义在于根据不同命题的特点和要求确定思路、建立框架、组织材料，最终的目的是要形成自己的立场。在确定思路时最重要的一点是必须知己知彼，方能百战百胜。对于一个辩题，围绕正、反方的不同立场，可以有多种理解。这时候就要求论辩者不仅要找出己方论证辩题的思路，而且还要找出对方可能出现的思路，尽可能地逐一考虑对方可能出现的思路，并找出应付之策，以子之矛，攻子之盾。

确立立场就是针对对方可能出现的思路，在己方可以选择的各种思路中找出对己方观点论证最有利、例证材料最丰富的思路。确立立场有两个基本原则：

（1）强化对方命题，弱化己方命题。确立立场不仅应确立己方对辩题的理解，还须限制对方对辩题的理解，也就是说必须明确指出对方应该论证的内容。尽可能扩大己方立论范围，从而给己方留下较大的回旋余地。其主要方法有两种：一是对辩题中的重要概念作出限制性的解释。如在南大队对台大队“人类和平共处是一个可能实现的理想”论辩中，正方南大队一辩开头就指出：“人类和平共处”“是和战争相对而言”，没有战争也就实现了人类和平共处。这样就把其他形式的暴力行为排除在外，为本方以后的论述奠定了较好的基础。二是对辩题加条件。如 1986 年亚洲大专辩论会上香港中文大学队与北大队的比赛中，辩题是“发展旅游业利大于弊”，北大队是反方，正方中文大学队举出许多例子论证许多国家由于具备某些条件，发展旅游业获得了成功。北大队马上指出，正方的立场并不是“在一定条件下”发展旅游业利大于弊，所以中文大学队跑题了。这实际上是要正方证明“在任何情况下”发展旅游业都利大于弊，这当然使正方无从论证，陷入被动的局面。

（2）尽量选择不易受攻击、逻辑性强的立场。其主要方法是“高立论”。在任何一个细节上都和对方纠缠不休，往往会丧失本方的优势，到最后仍是“一笔糊涂账”；不如干脆对一些显而易见的事实、众所周知的观点予以承认，接着立即指出：这些仅仅是问题的一个方面，但我们应该讨论的是更重要的东西，把争论上升到另一高度，使对方精心策划的材料不能发挥，在己方熟知的阵地上与其交锋，高屋建瓴，势如破竹。如在澳门东亚大学队和北大队的比赛中，辩题是“贸易保护主义可以抑制”，北大队是正方。具备一点经济学知识的人都知道，当今世界范围内贸易保护主义日益激烈，而新加坡更是饱尝贸易保护主义之苦。东亚大学队开始就在“贸易保护主义是否严重”这一问题上与对方纠缠，显然要占下风，而且很可能引起评委和观众的反感。所以北大队经过仔细考虑，论辩伊始就明确说明，当今世界范围内贸易保护主义确实相当严重，在这一点上我们非但不否认，而且还可以列举出比你们多得多的实例。但是，我们应该讨论的是贸易保护主义是否可以抑制，而不是贸易保护主义是否严重或是否存在。这样避重就轻，就把论辩中心转移到对己方有利的“可以抑制”层次上来，避其锋芒，采取主动。

确立立场时还应该注意的是：立意要新颖，要做到“言人所未言，见人所未见”。从新的角度来剖析问题，会给人以耳目一新的感觉，往往会起到意想不到的场上效果。同时，对手对此准备不够充分，也会措手不及，仓促回答。当然不能故作惊人之语，应当在“意料之外”，而又在“情理之中”。这就要求教练和队员们对辩题仔细思考和揣摩，努力使自己的立场既无懈可击，固若金汤，又要别出心裁，令对方防不胜防，从而达到立于不败之地的目的。

二、论辩赛事的组织与评比

1. 论辩赛简介

论辩赛也称之为辩论赛，是指彼此用一定理由来说明自己对事物或问题的见解，揭露对方的矛盾之处，以便取得最后的共识或共同的意见。

纵观历史，人类社会每前进一步，几乎都要伴随着一场宏大的辩论。从春秋战国直至五四运动，乃至当代的改革开放，从古希腊、古罗马直至欧洲文艺复兴，乃至资产阶级大革命，概莫能外。论辩加深了人们对真理、对社会、对人生的认识，促进了科学文化的发展。人类社会是在为真理、为正义的雄辩声中呼啸前进的。论辩是对现有文化的批判继承，是对人类前途命运的深沉思考，是对新文化、新事物的开拓和创新。论辩是语言的艺术，是智慧的结晶，它如同智慧燧石之间的相撞，必将放射出绚丽夺目的光芒，它演绎着人类文化的精髓并将其发扬光大。

2. 论辩赛的程序

（1）采用题目分组对决方式，即由抽出的题目决定分组进行对决。各队将在比赛前指定时间进行抽签，决定辩题和场次。抽到同一题目的正、反两方参赛单位为一组进行对决。

（2）在组合确定之后公布辩题。

（3）辩题由主办方拟定，辩题公布后参赛队伍不得随意要求删改。

3. 比赛组织

（1）主席开场白。介绍比赛规程、参赛队及所持观点、评判团成员，然后宣布比赛开始。

（2）参赛双方进行论辩。

（3）论辩结束，现场互动，观众就辩题发表观点。

（4）评判团成员商议比赛结果。

（5）评判团代表点评赛况。在辩论结束后，评判团将推选一名代表，综合所有评委的意见，发表对该场论辩的评语。分析两队的表现及优缺点，提出双方需要改进的地方。由于时间限制，评语应言简意赅。

（6）主席宣布结果，比赛结束。

4. 辩论流程

（1）第一阶段（陈词阶段）。由正反双方的一辩选手来完成，要求立论的框架明确，语言通畅，逻辑清晰，能够正确阐述己方的立场。

1）立论陈词。正方一辩陈词 3 分钟，反方一辩陈词 3 分钟。

2）立证陈词（进一步阐述己方观点）。正方二辩陈词 3 分钟，反方二辩陈词 3 分钟。

（2）第二阶段（盘问阶段）。

1）正方三辩提问，反方任何选手（只限一名）选手回答。

2）反方三辩提问，正方任何选手（只限一名）选手回答。

3）提问用时累计 1 分钟，回答用时累计 3 分钟。

（3）第三阶段（自由辩论阶段）。由正方首先发言，然后反方发言，正反方轮流发言。共用时 10 分钟，每方用时 5 分钟。

（4）第四阶段（总结陈词阶段）。反方四辩总结陈词，用时 4 分钟。正方四辩总结陈词，用时 4 分钟。

（5）观众提问。观众可分别向正反方提问 1～2 个问题。观众提问不影响得分。

5.论辩赛论辩规则

（1）时间提示。当辩手发言时间剩余 30 秒时，计时员以一次短促的琴声提示，用时满时，以两响琴声终止发言，否则作违规处理。

（2）盘问规则。

1）每个队员回答应简洁，提问应明了（每次提问只限一个问题）。

2）对方选手提出问题时，被问一方必须回答，不得回避，也不得反问。

（3）自由论辩规则。

1）自由论辩发言必须在两队之间交替进行，首先由正方一名队员发言，发言队员坐下后，由反方一名队员发言，双方轮流，直到时间用完为止。

2）各队耗时累计，当一方发言结束即发言队员坐下后，即开始计算另一方用时。

3）在总时间内，各队队员的发言次序、次数和用时不限。

4）如果一队的时间已经用完，另一队可以继续发言，直到时间用完为止。也可以放弃发言。放弃发言不影响打分。

（4）辩手不可以宣读预先准备好的书本，或展示准备好的图表或大字报，但可以带小卡片，出示或引述书本、报刊的摘要，以加强论据。

（5）比赛中，辩手不得离开座位，不得打扰对方或本方辩手发言，辩论时不得进行人身攻击。

6.论辩赛评分方式

（1）每场比赛有5名专家组成评判团。

（2）评判办法（通常比赛采取打分方法，团体和个人分别记分）。

1）比赛的胜方由5位评委所打分数总和决定，得分高的一队取胜。

2）每场优秀辩手由得分最高者获得，总分为各评委所打分数之和。

3）辩手个人得分只作为个人奖项的评审依据。

7. 评判标准依据

（1）团体得分部分（100分）。

1）审题（20分）。对所持立场能否从逻辑、理论、事实等多层次、多角度理解，论据是否充足，推理关系是否清晰，对对方的难点是否有较好的处理方法。

2）论证（25分）。论证是否有说服力，论证是否充足，推理过程是否合乎逻辑，事实引用是否恰当。

3）辩驳（25分）。提问是否抓住对方的要害，问题明了。在规定时间内没有提出问题或提问不清，应适当扣分。是否正面回答对方问题，是否给人有理有据的感觉。不回答或不正面回答问题应适当扣分。

4）配合（20分）。是否有团队精神，能否相互支持，论辩衔接是否流畅，自由论辩时发言是否错落有致，回答是否形成一个有机整体，给对方有力的打击。

5）辩风（10分）。语言流畅、用词得当、语调抑扬顿挫、语速适中；尊重对方辩手，尊重评委，尊重观众；表演得体、错落大方，有幽默感。

（2）个人得分部分（100分）。

1）辩论技巧（40分）。辩手是否语言流畅、立意明确，能否从多角度、多层次分析、理解、认识辩题，叙述是否有层次性、条理性，论证是否有说服力。

2）内容资料（20分）。论证是否充分、合理、恰当有力，引述资料是否翔实。

3）表情风度（20分）。辩手表情、手势是否恰当、自然、大方，不强词夺理，尊重对方，尊重评委和观众，富有幽默感。

4）自由论辩（20分）。是否始终坚持自己的立场，主动、准确、机智地反驳对方的观点，思路清晰，立场坚定，逻辑正确，应对灵活。

第三节　论辩的技巧

论辩是一门语言艺术，论辩双方进行辩论的工具是语言，论辩的胜负在很大程度上取决于语言的巧妙应用。

一、善于证明自己的观点

论辩，要证明自己的观点、自己的主张以至于立场态度的正确。论辩的证明关键在于论点的选择，因此，论点的选择要注意以下几点：

（1）论点的包容量要适度，太大或太小都不利于论证的展开。

（2）论点要符合实际，要有一定的理论深度。

（3）论点的表述要严密、简练、鲜明。

例如，1993 年首届国际华语大专辩论会，辩题为“温饱是谈道德的必要条件”，正方代表剑桥大学的汤之敏发言：“温饱是人最基本的衣食需要，而谈道德是指推行道德。温饱是谈道德的必要条件，就是说，我们不能脱离温饱而空谈道德。”汤之敏对论点的陈述，先对“温饱”和“道德”作了一个界定，随后用 13 字简明扼要地表达了自己的观点——温饱是谈道德的必要条件。

论据方面一定要充分，既要有事实论据，又要有理论依据；既要有正面材料，又要有反面材料；既要有现实材料，又要有历史材料；既要有宏观方面的材料，又要有典型生动的具体事例；既要有针对性，又要有真实性和可靠性。

二、善于巧妙地进行反驳

反驳的方式有“强辩”和“巧辩”两种。

1. 强辩

强辩就是用确凿的证据和充分的理由，义正词严地反驳对方，让对方无可置辩。因此，要分析对方论点中的薄弱之处，抓住对方论点的错误，选好突破口作为强辩点。我们可以从以下几方面选择强辩点：

（1）对方的论题不明确，不统一，陈述论点过程中出观错误和矛盾，很容易被驳倒。例如，加拿大前外交官朗宁，1893 年生于中国湖北，是喝中国人的奶长大的。有一次他竞选议员，反对派诋毁他说：“你是喝中国人的奶长大的，你身上一定有中国人的血统。”朗宁毫不迟疑地反驳说：“据有关人士透露，你是喝牛奶长大的，所以你身上一定有牛的血统。”常识告诉我们，喝什么奶长大并不构成血统关系。显然，反对派认为朗宁因为喝了中国人的奶便有中国血统关系的观点是错误的，而朗宁则机智地抓住这一点，利用仿照的方法反驳反对派。

（2）对方论据不真实、不恰当、不足以证明论点。论据是证明论点的依据，一旦论据有错误，那么论点也就不能成立。例如，某校国政系与历史系就“仓廪实而知礼节”展开辩论，正方历史系在论证物质与文化关系时，提出：“在德国这样经济发达的国家，产生了巴赫、贝多芬、门德尔松等伟大的音乐家……”；反方国政系立即抓住正方论据中出现的“贝多芬”进行反驳：“正方错了，贝多芬恰恰是在贫困交迫的情况下才写出《命运交响曲》这样辉煌的作品的！”随后，正方错上加错：“那他也必须在吃饱饭的情况下才能进行创作呀！”反方则步步紧逼：“那么请问贝多芬是在吃饱了哪一顿之后才写出《命运交响曲》的？”最后，正方再无招架能力。这个案例就说明，反方是抓住了正方论据中的错误进而反驳成功的。

（3）对方的某一论据恰好证明相反的观点。在论辩过程中，论辩一方利用另一方论据中观点的多面性，抓住对己方有利的一面，来证明己方观点。

（4）论证方法错误，论据与论题之间没有必然联系，或者原则上是对的，但在应用上是错误的。这就要求我们抓住对方论证的错误进行辩论，这样对方就很容易被驳倒。

例如：

售货员：“买点笋吧！”

女顾客："不要，笋没有营养。"

售货员："谁说笋没有营养？动物园里的熊猫吃竹子还长得那么胖呢！"

女顾客："狗吃屎也长得胖。狗是人吗？"

售货员：……

这段对话，论题是女顾客的观点：笋没有营养。售货员用熊猫吃了竹子会长胖的观点来论证笋有营养，女顾客用类比的方法点明了售货员论证的错误。因为人的营养和动物的营养是不能简单类比的。

（5）对方引证名言或事例、数据失实、不全面。

（6）对方推理过程中有错误，比如出现转移论题、偷换概念或诡辩等。

2. 巧辩

当论辩双方处于势均力敌，或一方处于劣势的情况下，不要强攻，要运用巧辩，即注意论辩的技巧。常用的巧辩方法有以下几种：

（1）诱其说"是"。"苏格拉底式问答法"在论辩中有着特殊的功效，即能诱使对方多说"是"。具体说来，诱使对方说"是"的技巧是，辩论的开头切勿涉及有争议的观点，而是应该顺应对方的思路强调彼此有共同的话题，要从对方的角度提出问题，诱使对方承认你的立场，让对方连连说"是"。

（2）以问制问。以问制问就是当对方提问时，迅速将其化解，随即反问对方某个问题，以便摆脱防守，转为反攻。

（3）分而治之。分而治之即抓住对方某一成员的弱点或错误，以一方整体协同对付，轮番进攻，破坏其整体效应，使谬误者不能冷静应战，同时又瓦解了对方的阵营，使其成员在某种程度上成为所谓的局外人。

（4）借题发挥。在论辩过程中，当己方受到攻击时，可以不直接从正面辩论，可以借助对方提供的话题进行还击，进而改变论辩的局势。此种论辩技巧的关键在于一个"借"字，能否借为己用，决定于论辩者的论辩经验和思辨能力。

例如，清代大学者纪晓岚，他以出奇制胜的机智见长。传说他在夏天乘凉，脱个赤膊，一日，不料乾隆皇帝到来，他来不及回避就躲到床下去了，过了好久，他以为皇帝已经走了，便问书童："老头子走了没有？"不料乾隆皇帝并没有走，便让他解释"老头子"是什么意思。纪晓岚面临这严峻的形势没有惊慌失措，灵机一动，从容巧妙地说："万岁为'老'，人上为'头'，'子'乃圣贤之尊称。"乾隆听了一笑，纪晓岚由此脱罪。

其实，没有人会相信"老头子"一词是一种至高无上的尊称，这里打动人心的是纪晓岚机智、轻松、调笑的情感。

三、要善于运用逻辑规律进行反驳

论辩过程中运用逻辑规律，有助于证明自己的观点，有助于识破对方的错误之处。在反驳中，运用逻辑规律中的推理方法，就能更有效地揭露谬论。一般情况下，论辩中的逻辑反驳方法有以下几种。

1. 二难反驳

二难反驳是论辩一方提出一个有两种可能的选言判断，又由这两种可能引申出使对方难以接受的两种可能的结论，而这两种结论是非此即彼，非彼即此的。这种方法要求在逻辑上不容许存在第三个结论，使对方处于进退维谷的困境。

例如，隋文帝杨坚在驳风水之说不可信时说："我家墓地，若云不吉，我当不贵为天子（那时杨坚已当皇帝）；若云吉，我弟不当死（当时杨坚之弟已战死沙场）。"

2. 归谬反驳

归谬反驳，是一种以退为进的反驳技巧。可以首先认可对方的说法，然后根据对方所运用的逻辑推理方法，将其论点或论据加以推论，得出一个荒谬的结论。

3. 预期反驳

预期反驳，是指论辩中预计对方将会提出什么问题，持何种理由、态度，在对方提出之前给予反驳。通常表述为"我知道，你将会说……""不难设想，你会说……""站在你的立场，你会觉得……"等，预期反驳不仅可以从反面加强自己的立论，更可以有效地阻拦对方的进攻。

4. 间接反驳

论辩中若遇到不宜正面出击的难题，可以避其锋芒，顺着对方的话题，机智地把话题逆转过来，证明与被反驳的论题相对立或者相矛盾的论题是真的。

四、掌握增强论辩攻击的方法

1. 有答必问，穷追猛打

没有经过专门训练的论辩者，在自由论辩中往往不能处理好答（回答对方的问题）与问（向对方提出问题）的关系：或者是只答不问，被对方牵着鼻子走，这样既先用完了自己的时间，又降低了对对方的攻击力；或者是只问不答，让评委和观众感到明显是在回避对方的问题，本方的攻击力也就相形见绌了；或者是机械地有答必问，甚至在以机智的答词反驳了对方观点从而赢得全场掌声时，还画蛇添足地续上一段"反问"，使评委和观众百思而不得其解，为其深感惋惜。

2. 掌握主动，牵住对手

论辩场上谁掌握了主动权，谁就有了取胜的保证。为了掌握主动权，除了要充分利用定义权、抢旗帜以夺人心以外，还应该在程序发言中力求稳扎稳打，使自己的语言组织严密，不给对方留下可乘之机。

3. 揭其矛盾，乱其阵脚

对方的矛盾一般分为三类：

1）对方的论点、论据与客观事实产生了矛盾。这时应当及时运用可靠的事实材料，指出对方观点的漏洞。例如，1992 年南京大学队在同台湾大学队的比赛中，当台湾大学队提到全世界军费开支连年增加，1945 年以来每天有 12 场战争在进行的时候，南京大学队立即援引斯德哥尔摩国际和平研究所具有的权威性的调查报告，强调 1989 年全世界军事费用就降低了 2%，强调 60 年代总共爆发了约 30 次战争，而 80 年代总共爆发不到 10 次，以此说明缓和的趋势。

2）对方的论述与他们应持的立场产生了矛盾。这时可以"真诚"地感谢对方帮助论证了本方的观点。

在气氛紧张、语速极快的辩论场上，要想及时抓住对方的上述种种矛盾，绝非易事，首先需要赛前准备充足。其次需要临场发挥好。每个队员在场上都应当留心对方每个辩手的每一句话，必要时用笔记下对方的矛盾或不当之处，以备反击。每个队员（除担任“正一”角色，全场首先发言者外）程序发言的开始可以留下 30 秒钟到 1 分钟的时间，专门用于抓住对方漏洞，揭露对方矛盾。

3）对方不同辩手的言论相互产生了矛盾。这时应该马上挑明对手自相矛盾、逻辑混乱。例如，南京大学队在同新加坡工艺学院队辩论时，对方一方面把“经济联盟”严格定义为最高形式的经济一体化，即各成员国相互取消关税，自由流动各种生产要素，统一货币，协调并统一外贸、经济、财政和社会政策，从而不承认世界上有任何经济联盟；另一方面又把欧盟之类的组织当做经济联盟来评论。南大队紧紧抓住对手的这一自相矛盾之处猛攻，终使对方阵脚大乱。

综合训练

一、填空。

1. 论辩的过程是一个充满__________、__________的过程，需要严谨的科学态度和广博的学识。

2. 实用类论辩包括__________、军事论辩、__________、法庭论辩，以及其他日常生活中为了解决__________而进行的论辩。

3. 立论准备包括三个过程：__________、确立总的__________、设计相配的__________。

二、判断题。

1. 当辩手发言时间剩余 15 秒时，计时员以一次短促的琴声提示，用时满时，以两响琴声终止发言。否则作违规处理。（ ）

2. 如果一队的时间已经用完，另一队不可继续发言。（ ）

三、案例分析

以下是论辩中关于诡辩的哲理故事。分析其辩论技巧以及所运用的思维逻辑。

在哲学课上，学生们向苏格拉底请教：“老师，能不能用实例说明一下究竟什么叫诡辩？”

苏格拉底稍作考虑一下，然后说：“有两个人到我这里来做客，一个人很干净，一个人很脏。我请这两个人洗澡，你们想想，他们两个人谁会先去洗澡？”

“那还用说，当然是那个脏人。”一个学生脱口而出。

“不对，是干净人。”苏格拉底反驳道，“因为干净人养成了洗澡的习惯，脏人却认为没什么好洗的。”

“再想想看，究竟是谁会先洗澡了呢？”

“是干净人。”两个学生接着说。

“不对，是脏人。因为脏人比干净人更需要洗澡。”苏格拉底又反驳道。

然后苏格拉底再次问道：“如此看来，两个客人中究竟谁会先去洗澡呢？”

“脏人！”三个学生喊着，重复了第一次的回答。

“又错了。当然是两个都洗了。”苏格拉底说，“干净人有洗澡的习惯，而脏人需要洗澡。怎么样，到底谁会先去洗澡了呢？”

“那看来是两个人都洗了。”四个学生犹豫不决地回答。

“不对，两个人都没洗。”苏格拉底解释说，“因为脏人没有洗澡的习惯，而干净人不需要洗澡。”

“老师说得都有道理，但是我们究竟该怎样理解呢？”学生们不满地说，“你讲的每次都不一样，而又总是对的！”

苏格拉底说：“正是如此。你们看，外表上、形式上好像是运用正确的推理手段，实际上违反逻辑规律，作出似是而非的结论，这就是诡辩！常见的诡辩手法有偷换论题、捏造论据、循环论证、机械类比、强词夺理、断章取义等。”

学生们又向苏格拉底请教：“老师，诡辩就是有意识地为某种谬论做论证，其中有巧妙的不易发现的逻辑错误。能不能用实例说明一下怎样才能识破诡辩中的逻辑错误？”

苏格拉底思考了一会儿，给学生们出了下面的智力测验题：

“有两位工人，一同维修一个多年没有维修过的又老又旧的烟囱。当他们从烟囱里爬出来的时候，一位很干净，另一位却满脸满身的煤灰。请问你们：谁会先去洗澡呢？”

一位学生说：“当然是那位满脸满身煤灰的工人会先去洗澡喽！”

苏格拉底说：“是吗？请你们注意，干净的工人看见另一位满脸满身的煤灰，觉得从烟囱里爬出来真是肮脏；另一位看到对方很干净，就不这么想了，而认为自己一定也很干净。我现在再问你们，谁会先去洗澡？”

两位学生很兴奋地争先恐后地回答：“哦！我知道了！干净的工人看到肮脏的工人时，觉得他自己必定也是肮脏的。但是肮脏的工人看到干净的工人时，却觉得自己并不脏啊！所以一定是那位干净的工人先跑去洗澡了。”

苏格拉底看了看其他的学生，所有的学生似乎都同意这个答案。

只见苏格拉底慢条斯理地说：“这个答案也是错的。两个人同时从又老又旧的烟囱里爬出来，怎么可能一个是干净的，而另一个是脏的呢？这就叫做不合逻辑，也就是诡辩中的逻辑错误。”

学生们又向苏格拉底请教：“老师，应该怎样看待诡辩的作用呢？”

苏格拉底回答：“会说的不如会听的。诡辩有效，但有限。巧诈不如拙诚，千般巧计不如本分为人。”

四、辩论赛参考题

选出合适的辩题，四人为一方，分正、反方（可抽签决定），进行论辩练习。

1. 随着科学技术的高度发展，社会人际关系必然日趋淡漠。
2. 青年人要有点野心。
3. 美是一种负担。
4. 流行音乐可以进中、小学课堂。
5. 对“狂”不可轻易否定。
6. 青春需要偶像。

五、小型辩论会

由课代表组织一个小型辩论会，全班同学分为两组，各选出四个人为代表，要有中心发言人和辩手。辩题为：（正方）一个人的成功是七分机遇，三分努力。（反方）一个人的成功是三分机遇，七分努力。

第五章
普通话语音及发声控制

本章以普通话语音为明线贯穿全程，以发声为辅线镶嵌其中。发音包括声母、韵母、声调、吐字归音、语流音变；在发音教学中有机穿插发声中的呼吸控制、口腔控制、共鸣控制等内容。使学生较系统地掌握发音与发声的知识，并逐步认识和纠正发音、发声中存在的问题，掌握和运用科学的普通话语音及发声控制。

学习目标

1. 理解普通话语音的概念。
2. 了解语音的社会、物理、生理及心理基础。
3. 掌握音节和音素、元音和辅音、声母和韵母知识。
4. 了解和掌握轻声、儿话、变调的运用。
5. 掌握正确的发声方法。

第一节　普通话语音基础知识

一、什么是普通话

汉语普通话，是现代汉民族共同语。普通话以北京语音为标准音，以北方话为基础方言，以典范的现代白话文著作为语法规范的现代汉民族共同语。普通话是中华人民共和国的通用语言。《中华人民共和国宪法》第 19 条规定：国家推广全国通用的普通话。

二、语音的基础

语音是语言的声音，它是人类的发音器官发出的有一定意义的声音。语音具有社会属性、物理属性、生理属性、心理属性等特点。语音的社会属性是语音的本质属性。

1. 语音的社会属性

语音的社会属性主要表现在以下几个方面：

（1）语音是语言的信息载体，它的信息传播的功能是社会赋予的。

（2）语音要表达一定的意义，这是由社会决定的，这是语音的社会性的体现。

（3）语音的社会属性又反映在语音的民族性和地方性方面。

2. 语音的物理属性

语音也是一种声音，因此它具有声音的物理属性，我们可以通过音高、音强、音长和音色四要素进行分析。

（1）音高就是声音的高低，与声波的频率有关。它主要决定于发音体振动的快慢，同一个发音体在单位时间内振动快，频率高，音调就高，频率低，音调就低。语音的音高主要是由人类发声振动器官声带的长短、松紧、厚薄决定的。通常女性的声带要比男性短、紧、薄，所以发出的声音要比男性高。而一个人要改变自己语音的音高，也可以通过改变声带的长短、薄厚和松紧来实现。

（2）音强就是声音的强弱，与声波的振幅大小有关，振幅大，声音就强；相反，振幅小，声音就弱。普通话的重音主要是由音强决定的，但和音高也有关。在语音中，音强与音高往往有连带关系，一般来说，音强加强时，音高也会加高；而音高加高时，音强也会增强。

（3）音长是指声波震动持续时间的长短，它取决于发音体振动时间的长短。发音体持续振动时间长，声音就长，反之则短。汉语的声调、轻音等与音长都有一定关系。

（4）音色也叫音质，是指声音的特色和本质。音色的不同决定于发音体的差异、共鸣器的形状和发音方法的不同。锣音不同于鼓音，虽然发音方法都是敲击。同一个人发出的“n”“l”音色有别，这是因为发音方法不同，共鸣的方式也有差异所致。音色作为语言形式的本质特征，不仅对语音，而且对语言的区分都有重要意义。

3. 语音的生理属性及心理基础

语音具有一切声音所共有的物理属性，我们可以从声学的角度去分析，同时语音的发音过程又是人类发音器官的一种生理活动，我们可以通过发音器官的活动方式进行分析，人类的思维、说话和对语音的知觉过程又是一种心理活动，我们也可以从人类心理活动过程来分析语音现象。

三、语音基本概念

1. 音节和音素

音节是用听觉可以区分的语音结构的基本单位。从听觉上看，一个音节相对独立于另一音节，听觉上能自然感受到。在汉语中，一般来说一个汉字的读音即为一个音节，如“人”—“ren”。

音节在听觉上很容易分辨，但它不是最小的语音单位。音节再继续划分，就得出语音中最小的语音单位——音素。音素是从音色角度划分出来的最小的语音单位。比如“shū”（书）是个音节，继续划分就得出“sh”“u”两个音素。音素是音节的构成单位，一个音节可以由一个音素构成，也可以由几个音素构成。普通话有 32 个音素。

2. 元音和辅音

元音是音素的一种。在发元音时气流在口腔中不受明显阻碍，呼出的气流较弱，发音器官肌肉均衡紧张，声带颤动，声音响亮清新。

辅音也是音素的一种。发辅音时气流在口腔中明显受到阻碍，呼出的气流较强，发音器官对气流构成阻碍的部分肌肉紧张，大部分辅音发音时声带不颤动。普通话中辅音音素有 22 个。

元音和辅音是从发音特点（物理、生理）和在组成音节时所起的作用角度对音素进行的分类。元音是发音时气流在口腔、咽头不受阻的音素，辅音是发音时气流受阻的音素。

元音和辅音的区别主要有以下几点：

（1）发元音时，发音器官各部位肌肉保持均衡紧张状态。发辅音时，发音器官各部位肌肉特别紧张。

（2）发元音时，气流弱，声带颤动，声音响亮。发辅音时，气流强，声带一般不颤动，声音不响亮。

3. 声母、韵母

汉语传统语音学把音节划分为两部分：声母和韵母。声母处于音节的前半部分，一般由辅音充当。韵母处于元音的后半部分，由元音和元音加辅音充当。其中有 16 个鼻韵音母的尾音分别由 n 和 ng两个鼻辅音音素做韵尾。

汉语普通话的声母都由辅音充当，而“n”既可作声母，又可作韵尾。“ng”一般作韵尾，在“啊”的变读中，可起声母的作用。例如，“真冷啊”的“啊”读作“nga”。普通话中有 21 个辅音声母。汉语普通话的 10 个单元韵母都由单元音充当，复韵母中则有 2~3 个元音，鼻韵母中有元音也有辅音。例如，“电”dian“灯”deng。

普通话中共有 39 个韵母，声母由 21 个辅音承担，它们是：b、p、m、f、d、t、n、l、g、k、h、j、x、q、zh、ch、sh、r、z、c、s。

普通话只有三个音素可以充当韵头：i、u 和ü，韵头不是普通话不可缺少的成分。

韵腹是普通话音节中不可缺少的部分，由 10 个单元音分别充当。

充当韵腹的只有 i、u（o）和 n、ng。-i、-u（o）构成元音韵尾，-n、-ng构成鼻音韵尾。

普通话音节结构表

结构方式 / 例字	声母	韵母				声调
		韵头（介音）	韵（韵身）			
			韵腹（主要元音）	韵尾（元音）	韵尾（辅音）	
窗 chuāng	ch	u	a		ng	阴平
花 huā	h	u	a			阴平
拜 bài	b		a	i		去声
久 jiǔ	j	i	o	u		上声
度 dù	d		u			去声
游 yóu		i	o	u		阳平
元 yuán		u	a		n	阳平
鸭 yā		i	a			阴平
欧ōu			o	u		阴平
俄é			e			阳平

（1）声母。我们可以依据不同的发音部位、发音方法，以及送气与否、清浊区分等不同的发音条件，把普通话 21 个辅音声母分成不同的类型，以进行分析、识别。

1）按发音部位分类。普通话声母按发音部位进行分类，可分为 7 类。

① 双唇阻：上唇和下唇成阻。下唇向上运动与上唇接触，双唇闭拢成阻。双唇音声母有 b、p、m。

② 唇齿阻：上门齿与下唇成阻。上唇上抬，稍露出上齿，下唇向上，唇缘线与上门齿靠拢、接触成阻。唇齿音声母有 f。

③ 舌尖前阻：舌尖与上门齿背成阻。舌尖平伸，与上门齿背接触或接近成阻，舌尖前音声母有 z、c、s。

④ 舌尖中阻：舌尖与上门齿音成阻。舌尖向前上方抬起，与上门齿龈接触、抵住成阻。舌尖后阻声母有 d、t、n、l。

⑤ 舌尖后阻：舌尖与前硬腭成阻。舌体稍向后缩，舌尖向上方翘起，与硬腭前部接触或接近成阻。舌尖后音声母有 zh、ch、sh、r。

⑥ 舌面阻：舌面前部与硬腭前部成阻。舌尖向下前伸，抵住下齿背，舌面向上抬起，接触或接近成阻。舌面阻声母有 j、q、x。

⑦ 舌根阻：舌根与硬腭软腭交界成阻。舌体后缩，舌根隆起，与硬腭、软腭交界处接触或接近成阻。舌根音声母有g、k、h。

2）按发音方法分类。

声母的发音方法从发音时构成阻碍和克服阻碍的方法、气流强弱情况、声带是否颤动等三个方面来分类。

① 塞音：成阻，发音部位两点紧闭；持阻，保持阻碍，呼出气流蓄在成阻部位之后，引而待发；除阻，成阻部位突然打开，气流呼出因爆发、破裂而出成声。塞音声母有 b、p、d、t、g、k。

② 擦音：也叫摩擦音。成阻，发音部位两点相接近，但不接触，中间留有狭窄缝隙；持阻，呼出气流由发音部位两点间的缝隙间挤过，摩擦成声；除阻时摩擦音已结束。擦音声母有 f、h、x、s、sh、r。

③ 塞擦音：是塞音与擦音两种发音方法的结合。成阻至持阻前段，状态与塞音相同。持阻的后段即变为擦音成阻，发音部位两点接近，留有缝隙，使呼出的气流挤过，摩擦发出擦音，至除阻发音已结束。塞擦音声母有 j、q、zh、ch、z、c。

④ 鼻音：成阻，发音部位两点紧闭，关闭口腔气流通路；持阻，声带颤动，软腭下垂，鼻腔通路打开，声波与呼出气流经口腔转入鼻腔，经口腔与鼻腔双重共鸣作用，气流由鼻孔透出，形成鼻音；除阻，打开口腔通路，发音结束。鼻音声母有 m、n，以及鼻辅音 ng。

⑤ 边音：普通话里只有 l 是边音。成阻，发音部位两点即舌尖抬起与上门齿齿龈后部接触，舌头的两边留有空隙；持阻，声带颤动，呼出气流与声波由舌前部两边通过后由口透出，发出边音；除阻，发音部位两点分开，发音结束。

送气与否：普通话声母送气音与不送气音的区分只在塞音与塞擦音中进行。声母 b、d、g、j、zh、z 发音时呼出的气流微弱，为不送气音；声母 p、t、k、q、ch、c 发音时呼出的气流较强，有喷发出口的感觉，为送气音。

清浊的区分：是指辅音发音时声带颤动与否。发音时声带颤动为浊音，声带不颤动为清音。清音声母发音时呼出的气流较强。普通话清音声母有 17 个：b、p、f、d、t、g、k、h、j、q、x、zh、ch、sh、z、c、s。浊音声母发音时呼出气流较弱。普通话浊音声母有 4 个：m、n、l、r。另有只做韵尾的浊辅音 ng。

【声母练习】

1. 辅音声母练习

b—双唇不送气清塞音

单音节：播　布　北　宾　班

双音节：百倍　本部　板报　包办　卑鄙

奔波　标兵　辨别　遍布　半边

四音节：跋山涉水　百发百中　半路出家

包罗万象　暴跳如雷　悲欢离合

p—双唇送气清塞音

单音节：平　盘　胖　排　批

双音节：排炮　澎湃　批判　乒乓　澎湃

偏旁　爬坡　平盆　婆婆　匹配

四音节：旁观者清　匹夫有责　抛砖引玉

跑马观花　披星戴月　萍水相逢

m—双唇浊鼻音

单音节：妈　慢　门　明　米

双音节：明媚　美满　美妙　弥漫　盲目

茂密　命脉　埋没　面貌　美满

四音节：埋头苦干　满城风雨　民富国强

马到成功　满面春风　弥天大谎

f—唇齿清擦音

单音节：发　佛　费　否　范

双音节：反复　仿佛　发放　防范　反复

非分　犯法　吩咐　翻覆　防风

d—舌尖中不送气清塞音

单音节：打　德　搭　逮　到

双音节：大胆　当代　到底　敌对　带动

奠定　单独　道德　地点　订单

t—舌尖中送气清塞音

单音节：他　特　太　涛　透

双音节：谈天　探讨　贪图　跳台　套头

团体　吞吐　厅堂　梯田　推脱

n—舌尖中浊鼻音

单音节：纳　奶　内　闹　难

双音节：拿捏　男女　呢喃　忸怩　能耐

l—舌尖中浊边音

单音节：拉　　雷　　来　　累　　劳

双音节：来临　　流浪　　拦路　　冷落　　琳琅

g—舌根不送气清塞音

单音节：割　　各　　给　　该　　瓜

双音节：杠杆　　更改　　公告　　挂钩　　规格

k—舌根送气清塞音

单音节：客　　考　　凯　　看　　扣

双音节：开阔　　慷慨　　开垦　　宽阔　　苛刻

h—舌根清擦音

单音节：喝　　海　　黑　　好　　后

双音节：航海　　含混　　悔恨　　呼唤　　海河

j—舌面不送气清塞擦音

单音节：鸡　　家　　节　　脚　　旧

双音节：交接　　家具　　积极　　坚决　　洁净

q—舌面送气清塞探擦音

单音节：奇　　恰　　且　　翘　　秋

双音节：牵强　　恰巧　　崎岖　　齐全　　轻巧

x—舌面清擦音

单音节：西　　侠　　谢　　笑　　新

双音节：新鲜　　休息　　学习　　湘绣　　细心

zh—舌尖后不送气清塞擦音

单音节：周　　者　　治　　债　　这

双音节：战争　　长者　　周折　　注重　　住宅

ch—舌尖后送气清塞擦音

单音节：插　　彻　　池　　柴　　抄

双音节：叉车　　查抄　　戳穿　　铲除　　惆怅

sh—舌尖后清擦音

单音节：杀　　舌　　室　　谁　　稍

双音节：上升　　少数　　舍身　　设施　　绅士

r—舌尖后浊擦音

单音节：惹　　日　　柔　　然　　韧

双音节：冉冉　　荏苒　　忍让　　仍需　　柔韧

z—舌尖前不送气清塞擦音

单音节：杂　　泽　　紫　　灾　　贼

双音节：自在　　自尊　　自责　　总则　　祖宗

c—舌尖前送气清塞擦音

单音节：册　　词　　猜　　草　　残

双音节：猜测　　残存　　草丛　　仓促　　层次

s—舌尖前清擦音

单音节：	飒	色	丝	赛	森
双音节：	洒扫	嫂嫂	色素	三四	松散

2. 声母辨读发音训练

b、p	被服——佩服	饱了——跑了
	步子——铺子	鼻子——皮子
d、t	队伍——退伍	调动——跳动
	河道——河套	肚子——兔子
g、k	挂上——跨上	关心——宽心
	天公——天空	干完——看完
j、q	尖子——扦子	吉利——奇丽
	长江——长枪	精华——清华
z、c	子弟——此地	大字——大刺
	坐落——错落	清早——青草
zh、ch	摘花——拆花	扎针——插针
	大志——大翅	竹纸——竹尺

两字词的连用：

b、p	编排	被迫	奔跑	爆破
p、b	陪伴	配备	破败	盘剥
d、t	代替	地毯	带头	灯塔
t、d	偷盗	坦荡	态度	天地
g、k	赶快	港口	功课	高亢
k、g	肯干	客观	考古	开工
j、q	机器	价钱	近亲	坚强
q、j	千斤	勤俭	抢救	请假
z、c	字词	早餐	杂草	资财
c、z	参赞	存在	刺字	操纵
zh、ch	支持	专长	战船	征程
ch、zh	吃斋	车站	城镇	沉重

3. 绕口令练习

（1）巴老爷有八十八棵芭蕉树，来了八十八个把式要在巴老爷的八十八棵芭蕉树下住。巴老爷拔了八十八棵芭蕉树，不让八十八个把式在巴老爷的八十八棵芭蕉树下住，八十八个把式烧了八十八棵芭蕉树，巴老爷在八十八棵芭蕉树下哭。

（2）扁担长，板凳宽，扁担没有板凳宽，板凳没有扁担长，扁担要绑在板凳上，板凳不让扁担绑在板凳上，扁担偏要绑在板凳上。

（3）一座棚傍峭壁旁，峰边喷泻瀑布长，不怕暴雨瓢泼冰雹落，不怕寒风扑面雪飘扬，并排分班翻山攀坡把宝找，聚宝盆里松柏飘香百宝藏，背宝奔跑报矿炮劈火，篇篇捷报飞伴金凤凰。

（4）粉红墙上画凤凰，凤凰画在粉红墙，黄凤凰，红凤凰，红粉凤凰，花凤凰。

（5）调到敌岛打特盗，特盗太刁投短刀，挡推顶打短刀掉，踏盗得刀盗打倒。

（6）风吹灰飞，灰飞花上花堆灰。风吹花飞灰飞去，灰在风里飞又飞。

（7）场两边有两辆四轮大马车，你爱拉哪两辆就拉哪两辆。

（8）男旅客穿着蓝上装，女旅客穿着呢大衣，男旅客扶着拎篮子的老大娘，女旅客搀着拿笼子的小男孩儿。

（9）哥挎瓜筐过宽沟，赶快过沟看怪狗，光看怪狗瓜筐扣，瓜滚筐空哥怪狗。

（10）刚往窗上糊字纸，你就隔着窗户撕字纸，一次撕下横字纸，一次撕下竖字纸，横竖两次撕了四十四张湿字纸!是字纸你就撕字纸，不是字纸，你就不要胡乱地撕一地纸。

（11）白石塔，白石搭，白石搭白塔，白塔白石搭，搭好白石塔，白塔白又大。

（2）韵母。韵母是汉语字音中声母、字调以外的部分。旧称为韵。韵母又可以分成韵头（介音）、韵腹（主要元音）、韵尾三部分。韵头又称介音，是韵腹前面起前导作用的部分，发音比较模糊，往往迅速带过；韵腹又称主要元音，是一个韵母发音的关键，是韵母发音过程中，口腔肌肉最紧张、发音最响亮的部分；韵尾可以是元音，也可以是辅音。一种叫鼻韵尾，有-n，-ng两个。另一种叫口韵尾。韵尾是韵腹后面起收尾作用的部分，发音也比较模糊，但务求发音到位。如“娘”niáng的韵母是 iang，其中 i 是韵头，a是韵腹，ng是韵尾。每个韵母一定有韵腹，韵头和韵尾则可有可无。如“大”dà的韵母是a，a是韵腹，没有韵头、韵尾；“瓜”guā的韵母是 ua，其中 u 是韵头，a是韵腹，没有韵尾；“刀”dāo 的韵母是ao，其中a是韵腹，o 是韵尾，没有韵头。

普通话中共有 39 个韵母，数目比声母多，系统也比较复杂。按结构可以分为单韵母、复韵母、鼻韵母（有鼻韵尾的韵母叫鼻韵母）；按开头元音发音口形可分为开口呼、齐齿呼、合口呼、撮口呼，简称“四呼”。

开口呼韵母为a、o、e、ê、er、-i（前）、-i（后）或a、o、e 开头的韵母。

齐齿呼韵母为 i 或 i 开头的韵母，如 iou、iao、ie、ia。

合口呼韵母为 u 或 u 开头的韵母，如 ua、uo、uai、uei。

撮口呼韵母为 ü 或以 ü 开头的韵母，如 üe、ün、üan。

所有韵母中，除鼻韵母的韵尾是辅音外，其他的音都是非鼻化元音。非鼻化元音的发音要点是软腭始终上升，堵住气流的鼻腔通道。如果软腭的位置不好，气流同时从鼻腔和口腔中泄出，发出的元音就成了鼻化元音。在普通话中，鼻化元音只有在儿化音节中才会出现。

①单元音韵母。由一个元音构成的韵母叫单韵母，又称为单元音韵母。单元音韵母发音的特点是自始至终口形不变，舌位不移动。普通话中单元音韵母共有 10 个：a、o、e、ê、i、u、ü、-i（前）、-i（后）、er。

②复韵母。由两个或三个元音结合而成的韵母叫复韵母。普通话共有 13 个复韵母：ai、ei、ao、ou、ia、ie、ua、uo、üe、iao、iou、uai、uei。根据主要元音所处的位置，复韵母可分为前响复韵母、中响复韵母和后响复韵母。双韵母是复韵母的特殊形式。

③鼻韵母。由一个或两个元音后面带上鼻辅音构成的韵母叫鼻韵母。鼻韵母共有 16 个：an、ian、uan、üan、en、in、uen、ün、ang、iang、uang、eng、ing、ueng、ong、iong。鼻韵母也会出现无韵头、有韵头之分。

第二节　语流音变

在语流中，由于受到相邻音节的相邻因素的影响，一些音节中的声母、韵母或声调会发生语音的变化，我们称之为语流音变。普通话中最典型的语流音变是轻声、儿化和变调。

一、轻声

1. 轻声的含义

普通话的每个音节都有它的声调，可是在词或句子里有些音节常常失去了原有的声调而念成一种较轻、较短的调子，就叫做轻声。

2. 轻声的读法

把轻声音节读得又轻又短，而把轻声前面的音节读得又重又长。注意：不要将轻声误读成第一声。

例：他们 柴火 马虎 坐着 风筝 口袋 好吧 困难 耳朵 休息 骆驼 斧子 使唤 先生 拳头

3. 轻声的作用

普通话里有些词或词组靠轻声音节与非轻声音节区别意义和词性。

（1）有规律的轻声。

①助词（的、地、得、着、了、过）：我的、记得、轻轻地、吃了、看着、来过。

②语气词（吧、吗、呢、啊、哇）：你好吗、说吧、你呢、谁呀。

③叠音词（名词、动词）：妈妈、伯伯、看看、说说、试试。

④方位词：这里、天上、上面、下边、树底下。

⑤趋向动词：出去、进来、看下去、笑起来。

⑥名词的后缀（子、头、们、巴）：桌子、木头、他们、下巴。

⑦有些词语中的“得”“不”“一”：看得起、差不多、笑一笑。

⑧做宾语的人称代词：他打我、骂我、撵它、抓它。

⑨量词“个”：三个、一个人、一百个。

（2）有规律的轻声词。

①“头”尾词：锄头、对头、跟头、骨头、罐头、后头、浪头、里头、木头、码头、馒头、苗头、念头、前头、拳头、舌头、石头、上头、丫头、指头、枕头

②“们”尾词：他们、它们、她们、你们、咱们、人们、我们

③“气”尾词：福气、客气、阔气、力气、脾气、小气、秀气、运气

④“巴”尾词：尾巴、下巴、哑巴、嘴巴、眨巴

⑤“实”尾词：结实、老实、扎实、壮实

⑥“么”尾词：多么、那么、什么、这么

⑦“子”尾词：儿子、帽子、凳子、骗子、胖子、票子、裤子

⑧食物类：点心、豆腐、高粱、罐头、核桃、萝卜、粮食、庄稼、馒头、蘑菇、烧饼、月饼、石榴、芝麻

⑨人体部位：脑袋、头发、眉毛、眼睛、耳朵、胳膊、巴掌、指头、指甲、屁股

⑩轻声词汇总：爱人、白净、帮手、棒槌、包袱、包涵、本事、比方、扁担、别扭、

拨弄、簸箕、补丁、部分、裁缝、财主、苍蝇

二、儿化

1. 儿化的含义

儿化又称儿化韵，是普通话和某些汉语方言中的一种语音现象，即后缀“儿”字不自成音节，而同前面的音节组合在一起，使前一音节的韵母成为卷舌韵母。例如，“点儿”不是发成两个音节 diɑn’er，而是发成一个音节 diɑnr。

2. 儿化的作用

儿化在普通话里起着修辞和表示语法功能的积极作用。

（1）表示喜爱、亲切的情感。例：

这小孩儿长得真漂亮。

我老伴儿退休在家也闲不住。

（2）表示少或小的意思。例：

我一会儿就回来。

他笑着，用手指比个铜子儿大小。

（3）区分词性。例：

这幅画儿画得真不错。（“画儿”是名词，“画”是动词）

（4）区分词义。例：

可别小看烟头的这点火星儿，稍不注意就有可能造成一场火灾。

3. 儿化音变方式

（1）音节末尾是ɑ、o、e、u 的，直接加上卷舌动作-r。

例：哪儿　手把儿　叶芽儿　钱夹儿　画儿
浪花儿　粉末儿　竹膜儿　眼窝儿　大伙儿

（2）韵尾音素以单韵母 i、ü 直接加 er。

例：锅底儿　柳丝儿　玩意儿　小曲儿　毛驴儿　有趣儿

（3）韵母为ɑi、ei、ɑn、en（包括 uei、uen、iɑn、uɑi 和 üɑn）儿化时失落韵尾，在主要元音上加卷舌动作。

例：大牌儿　窗台儿　同辈儿　宝贝儿
糖块儿　一块儿　口味儿　一对儿

（4）以 ng为韵尾音素的韵母作儿化处理时，儿化时失落 ng，并将前面的元音鼻话加卷舌动作。

例：茶缸儿　药方儿　小羊儿　菜秧儿　竹筐儿
门窗儿　跳绳儿　竹凳儿　裤缝儿　小洞儿
抽空儿　酒盅儿　小熊儿

（5）韵母为 in、ün 的，儿化时失落 n，将 i、ü 等主要元音加卷舌动作。

例：脚印儿　树荫儿　干劲儿　手心儿　喜讯儿　合群儿

三、变调

1. 变调的含义

音节在连读时，相邻音节声调发生变化的现象叫变调。

2. 上声变调

（1）上声音节单念或在句尾时不变，仍读本调。

（2）上声音节在阴平、阳平、去声和轻声音节前，其调值由214变为21，也记作211（即所谓“半上”），例如：

始终	老师	指标	北京	朗读	改革	普及	解决
古文	统一	祖国	讲台	谴责	紧急	小学	旅行
考察	小时	以来	感觉	总结	举行	保持	演员
准备	伟大	只要	只是	整个	理论	马上	表示

（3）上声音节与上声音节相连，前面一个音节的调值由214变为接近35（即所谓阳上），例如：

也许	所以	影响	所有	只好	引起	采取	老板
赶紧	往往	可以	品种	勇敢	彼此	手指	小组
水果	古老	雨水	保守	女子	岛屿	小姐	老鼠
雨伞	饮水	小雨					

3. 去声变调规律及发音训练

去声音节在非去声音节前一律不变。在去声音节前则由全降变成半降，即调值由51变成53，例如：

记录	摄影	赞颂	救护	制胜	速递	验货	贵重
内陆							

4. “一”的变调规律及发音训练

“一”的变调有如下规律：

（1）非去声音节前变去声。

（2）去声音节前变阳平。

（3）夹在重叠词中间念轻声。

（4）“一”单念或在序数词中仍读本调阴平。

发音训练：选自老舍小说《我这一辈子》

火团远落，遇到可以燃烧的东西，整个的再点起一把新火，新烟掩住旧火，一时变为黑暗；新火冲出了黑烟，与旧火联成一气，处处是火舌，火柱，飞舞，吐动，摇摆，癫狂。忽然哗啦一声，一架房倒下去，火星，焦炭，尘土，白烟，一齐飞扬，火苗压在下面，一齐在底下往横里吐射，像千百条探头吐舌的火蛇。

5. “不”的变调规律及发音训练

“不”字单用或在词句末尾，以及在阴平、阳平、上升前念本调——去声。例如：我不，不说，不能。

“不”的变调还表现出如下规律：

（1）在去声音节前变阳平。

（2）夹在词语中间念轻声。

发音训练：选自梁实秋散文《雅舍》

“雅舍”之陈设，只当得简朴二字，但洒扫拂拭，不是有纤尘。我非显要，故名公巨卿之照片不得入我室；我非牙医，故无博士文凭张挂壁间；我不业理发，故丝织西湖十景以及电影明星之照亦均不能张我四壁。我有一几一椅一榻，酣睡写读，均已有着，我亦不复他求。

【“一”“不”变调的发音练习】

一般	一拍	一方	一边	一车	一刀	一吨	一根
一锅	一家	一筐	一道	一度	一丈	一寸	一粒
一辆	一个	一次	一去	一趟	一万	一亿	一架
一扇	第一	其一	统一	七一	八一		

一把手	一把抓	一半天	一辈子	一场空
一程子	一点儿	一风吹	一锅粥	一清早
一身胆	一条龙	一窝蜂	一系列	一元化
一元钱	一口气	一口锅	一览表	一揽子
一连串	一年生	一品锅	一品红	一般人
一神教	一条心	一团糟	一席话	一言堂
一元论	一个劲儿	一股脑儿	一溜烟儿	一条藤儿
一股劲儿	一丁点儿	一面理儿	一头儿沉	一般见识
一本万利	一笔勾销	一臂之力	一差二错	一成不变
一触即发	一刀两断	一发千钧	一反常态	一鼓作气
一技之长	一箭双雕	一蹶不振	一来二去	一了百了

不多	不光	不息	不堪	不安	不能	不曾	不平
不久	不从	不容	不仅	不想	不止	不敢	不测
不断	不必	不正	不对	不会	不动	不顾	不过
不大	不懈	不怕	不利	不便	不至	不变	不干
不送	不算	不去	不从	不容	不学	不可	不难
不顾	不止	不敢	不慎	不宜	不错	不测	不断
不必	不正	不对					

不长不短	不骄不躁	不闻不问	不偏不倚	不言不语
不肥不瘦	不动声色	不厌其烦	不亦乐乎	不近人情
不翼而飞	不置可否	不干不净	分文不取	寡不敌众

第三节　发声控制

一、呼吸与换气

在发声过程中，呼出的气息是人体发声的动力。声音的强弱、高低、长短以及共鸣的运用与呼出气流的速度、流量、密度都有直接的关系。气流的变化关系到声音的响亮度、清晰度，以及音色的优美圆润，嗓音的持久性及情绪的饱满充沛。也就是说，只有在呼吸得到控制的基础上，才能谈到声音的控制。

正常情况下，说话是在呼气时而不是在吸气时进行的，停顿则是在吸气时进行的。如果是持续时间较长的讲话或朗诵，必然要求具备比平时更强的呼吸循环系统。

讲话时的正确呼吸方法，应当采用胸腹式联合呼吸法（也称丹田呼吸法），是指胸、腹所有呼吸器官都参与了呼吸运动，使控制呼吸的胸廓、横膈膜及腹部肌肉得到合作，不但扩大胸廓的周围径，而且扩大胸腔的上下径，因而能吸入足够的气息，使胸腔的容积扩大。另外，由于能够稳定地保持住两肋及横膈膜的张力和来自小腹的收缩力量所形成的均衡对抗，有利于形成对声音的支持力量。

胸腹联合式呼吸法的呼吸原理包含以下几个要点：

一是气压原理。当吸气肌肉群收缩时，可以使胸腔扩大，人体肺部内的气压会小于人体外部气压，这时只要口、鼻、气管等呼吸通道无障碍，空气会自动由气压高的体外进入气压低的肺泡内，使肺叶扩张起来，这是吸气过程。当吸气达到一定饱和程度时，吸气肌肉群即松弛；而呼气肌肉群开始收缩，这时胸腔会随之变小，人体内的气压比体外气压高，肺叶内的空气也会从肺泡经呼吸通道排出体外，这是呼气过程。人的发声是在呼气过程中实现的，因此，呼吸控制的训练以呼气控制为主。

二是呼吸肌抗衡控制原理。发声的呼吸控制，具有吸得多、吸得快、呼得省、呼得匀、呼得慢的特点。我们欲达到以上要求，就需要锻炼吸气肌肉群在吸气时也保持一定的紧张度，并与呼气肌肉群形成某种对抗；再结合口腔控制，使气流能按使用的需要有控制地、稳劲地呼出，充分发挥气流在发声时的功效。

练习方法：

（1）慢吸慢呼。总体要求：站稳，双目平视前方，头正，肩放松，像在旷野呼吸花香一样，慢慢吸足气。要感觉到腰腹之间充气膨胀，气入丹田，但是要收小腹。保持几秒后，轻缓呼出。可以在呼气的时候加入以下练习：呼气时练习 xiɑo lɑn（拼音，“小兰”），一声声渐渐远去；或者数数 1、2、3、4……，嘴上用力，发音之间不要闭住声门，不要跑气换气，数得越多越好。

（2）快吸慢呼。快速短促地吸气，并保持气息；呼气时缓缓呼出，配合声音，平稳均匀。

呼气时，可以通过以下发声练习：巴 拔 把 爸 低 答 底 大。

夸大上声练习：好 美 满 想 仰 场。

（3）换气练习。广场上，红旗飘，看你能数多少旗，一面旗，两面旗，三面旗，四面旗，五面旗……

二、吐字归音

吐字归音是我国传统说唱理论中提及咬字方法时所用的一个术语。从汉语音节特点出发，把汉字一个音节的发音过程分为字头、字腹、字尾三个阶段，吐字归音是口腔控制的重要一环。

1. 吐字的要领

（1）出字。出字是指头（声母）和颈（介音，也叫韵头）的发音过程，即“咬字”阶段。咬字要求干净利落、弹发有力，并与韵头迅速结合。如店 diɑn，d 是字头，i 是韵头，ɑ是字腹，n 是字尾。

整个字头的发音应具有一定的弹射力，这是整个音节是否有力度的关键。字头部位是否准确，咬字是否适当，是汉语语流中是否字字清晰，并且有一定亮度的关键。

（2）立字。立字是指韵腹（字腹）的发音过程。韵腹的发音应有“拉开立起”之势，要“立得住”，也称立度。汉字音节中，口腔开合度最大、泛音共鸣最丰满、声音最响亮的就是韵腹（主要元音）。再加上韵腹是声调（字神）的主要体现者，声调和韵腹充实的声音结合在一起，在有声语言中形成抑扬顿挫的语言音乐美。

2. 归音的要领

归音是指音节发音的收尾过程。要求字尾弱收，肌肉由紧渐松，口腔随之由开渐闭、渐松。归音干净利索，趋向鲜明，既不可拖泥带水留尾巴，也不可唇舌“不到家”。开尾音节收音时应注意用减弱的声波来收束音尾，不要改变口腔的大小，不可“吃字”“倒字”“丢字”。“吃字”即吃了字头，出字不好；“倒字”即韵腹发音有毛病，字没立住；“丢音”即归音不到家，丢了字尾。

3. 吐字归音的练习

吐字归音的练习基本都是通过绕口令进行的。从系统锻炼的方法来说，它通过不同的声母、韵母的发声位置、气息和韵尾，可分为：双唇音、唇齿音、舌尖中音、舌根音、舌面音、翘舌音、平舌音；开口呼、齐齿呼、合口呼、撮口呼；还有就是十三辙训练。

在这里推荐一些绕口令，作为参考练习。

（1）东边店铺卖斧，西边商场卖壶。东边店铺卖斧的人是胡芙，西边商场卖壶的人是富虎。胡芙卖斧致富，日子过得很幸福；富虎卖壶发愤，生活越来越富足。东边卖斧的胡芙是位模范丈夫，西边卖壶的富虎是位诚实姐夫。

（2）胡芙和富虎互帮互学，富虎和胡芙同发共富。胡芙先卖自己的斧，再卖富虎的壶；富虎先卖自己的壶，再卖胡芙的斧。

三、共鸣

1. 共鸣的定义及作用

共鸣是指发音体之间的共振现象，人体发声的共鸣是指喉部的声带发出的声音，经过声道的共振器官，引起它们的共振面扩大，变得震荡、响亮，圆润有弹性，刚柔适度，形成各种不同的色彩。人的声道共鸣器官主要有胸腔、口腔、鼻腔等。口腔共鸣能使声音结实、明亮；胸腔共鸣能使声音浑厚、洪亮；鼻腔共鸣能使声音明丽、高亢。

声带发出来的声音是很弱的，如果没有共鸣音辅助发声，或者不够，声音就会很小，不够清晰、响亮。声带必须借助共鸣腔体，才能扩大音量，美化音色。

2. 共鸣训练

我们常采用口腔为主，鼻腔、胸腔为辅的共鸣方式。

（1）口腔共鸣训练。口腔共鸣的获得是要在发音时，口腔自然上下打开，笑肌微提，下腭自然放下往后拉，上腭有上提的感觉。基音通过声带附近的肌肉、软骨和气息的传送，使声波沿着硬腭向上齿背方向推送。这时，声波随着气息的推送离开喉咽部分流畅向前，在口腔的前上部分引起振动，声音即在硬腭前部集中反射，这时兼有鼻腔打开、畅通的感觉。这种共鸣使声音的焦点靠前，但过多的口腔共鸣，容易使声音出现“白声”。发中音（中声区的音）时，以口腔、咽腔为主要共鸣器官。头腔次之，胸腔更次之。

练习：

澎湃　　冰雹　　拍照　　平静　　抨击　批评

哗啦啦　噼啪啪　咣当当　扑通通　呼噜噜

快乐　　宣纸　　挫折　　菊花　　捐助　吹捧　乌鸦

山上五株树，架上五壶醋，林中五只虎，柜中五条裤，伐了山上树，取下架上醋，捉住林中虎，拿出柜中裤。

（2）鼻腔共鸣训练。鼻腔共鸣是声波在鼻骨上的振动，即将声音的焦点定位在鼻腔。这样的感觉是声音的焦点靠前，声音薄而明亮，比较灵活，像“民族”。随着焦点向后移动，声音越来越接近美声。随着焦点向后、向上移动，声音的位置也就越高，越浑厚，越不灵活，越美声化。所以，美声歌曲中高速吐字、快速变换音高，都是极难的声乐技巧。

要获得良好的鼻腔共鸣，还需要注意以下几点：

①软腭的运用。软腭即平时称为的小舌头。软腭是鼻咽腔的底，形成了穹形，有利于用咽壁对声音推送。通过软腭的运用，促使鼻咽腔形状的变化及音色的变化。用哼唱练习，便于使软腭中部产生振动，扩大鼻咽腔，同时还能使鼻咽腔下部也打开。

②打开并控制颌关节。上下颌关节活动应张开小半寸，对于取得共鸣有好处。下颌轻轻下移，感觉好像没有重量，声音就轻松自如了。

还要记住，鼻咽腔既可以使声波进入鼻腔共鸣的较大空间里去，又能阻止气息进入这个空间中来。它起着声气离析的作用，能够促使共鸣的色彩变化。

练习：

妈妈　光芒　中央　接纳　头脑

蓝蓝的天上白云飘，白云下面马儿跑，挥动鞭儿响四方，百鸟齐飞翔。

（3）胸腔共鸣训练。胸腔共鸣感觉的获得是使咽喉部作半打哈欠状，发声时，下腭自然下垂，喉咽部适当开大一些，把在硬腭上声波振动的反射点移至下齿背上，使声波在喉头和气管附近引起更多的振动，再由气管附近传送到胸腔，引起共鸣，这时，似乎感觉要把声音唱到胸腔去一样。唱低音（发胸声区的音）时，以胸腔为主要共鸣器官，口腔、咽腔次之，头腔更次之。

练习：

百炼成钢　翻江倒海　追悔莫及

小柳树，面地栽，金花谢，银花开。

（4）头腔共鸣、腹腔共鸣训练。头腔共鸣是沿袭了尚不发达的19世纪的声乐术语，是一种练声方法。头腔共鸣感觉的获得是在口腔共鸣的基础上，把声波在硬腭上的集中反射点稍向后面移动一些，把下胛放下来（好像把上牙床往上提高一些的感觉），同时，软腭和小舌头也随之上抬，舌根则有放下一些的感觉，使口、鼻、咽腔之间的通道和空间更宽广些，声波沿着上腭传递向鼻咽腔、鼻腔和各窦腔，引起声波的回荡。它在发高音（头声区）时为主要的共鸣器官，口腔、咽腔次之，胸腔更次之。

说话过程中，基本用不到这两个共鸣。男声发高音，体会声音从眉心发出的感觉。一般来说，只要做好胸腔、口腔、鼻腔共鸣，演讲、朗读就会得心应手了。

综合训练

一、填空。

1.________是由两个或三个元音结合而成的韵母。

2. 普通话的每个音节都有它的声调，可是在词或句子里有些音节常常失去了原有的声调而念成一种较轻较短的调子，就叫做________。

3. 普通话共有 13 个复韵母，它们是：________、________、________、________、________、________、________、________、________、________、________、________、________。

4.________又称儿化韵，是普通话和某些汉语方言中的一种语音现象，即后缀“儿”字不自成音节，而同前面的音节组合在一起，使前一音节的韵母成为卷舌韵母。

5. 音节在连读时，相邻音节声调发生变化的现象叫________。

6.________，也称丹田呼吸法，是指胸、腹所有呼吸器官都参与了呼吸运动，使控制呼吸的胸廓、横膈膜及腹部肌肉得到合作，不但扩大胸廓的周围径，而且扩大胸腔的上下径，因而能吸入足够的气息，使胸腔的容积扩大。

7. 口腔共鸣能使声音________；胸腔共鸣能使声音________；鼻腔共鸣能使声音________。口腔共鸣的获得是要在发音时，________自然上下打开，________微提，________自然放下稍后拉，________有上提的感觉。

二、判断题。

1. 普通话共有 21 个韵母声母。（ ）

2. 讲话时应当采用胸腹式联合式呼吸方法。（ ）

3. 普通话清音声母有 17 个：b、p、f、d、t、g、k、h、j、q、x、zh、ch、sh、z、c、s。（ ）

4. 发声的呼吸控制，具有吸得多、吸得慢、呼得快、呼得匀、呼得慢等特点。（ ）

5. 韵母又可以分成韵头（介音）、韵腹（主要元音）、韵尾三部分。（ ）

三、选择题。

1. 下列“不”字的调值与其他不同的一项是（ ）。

A. 不来　B. 不说　C. 不走　D. 不是

2. 下列各组词的音节中，其声母都是平舌音的是（ ）。

A. 组装　B. 著作　C. 此次　D. 色素

E. 昌盛

3. 下列“一”字的调值与其他不同的一项是（ ）。

A. 一样　B. 一万　C. 一筐　D. 一个

4. 下列词语不读为轻声的一项是（ ）。

A. 人们　B. 帽子　C. 粉末儿　D. 大夫

5. 下列与其他三项语音变化规律不同的一项是（ ）。

A. 改革　B. 品种　C. 勇敢　D. 彼此

四、分组强化练习。

标　　贝　　别　　崩　　笨　　保　　颁
北部　　蚌埠　　兵变　　帮办　　臂膀　　禀报　　颁布
北部　　布帛　　冰雹
闭关自守　　不谋而合　　不约而同　　不知所以　　博采众长
不共戴天

漂　　盆　　坡　　砰　　拍　　鹏　　撇
拼盘　　偏僻　　琵琶　　皮袍　　乒乓
平易近人　　破釜沉舟　　普天同庆

谬　　满　　谋　　美　　灭
秘密　　买卖　　麻木　　牧民　　牧民
毛手毛脚　　茅塞顿开　　美不胜收　　面目全非　　莫名其妙
默默无闻

方　　凤　　富　　匪　　返　　翻
防腐　　肺腑　　非凡　　芬芳　　发放

兜　　当　　顿　　等　　敌
带动　　顶端　　捣蛋　　等待

坛　　烫　　滕　　替　　贴
体态　　体贴　　天堂　　妥帖　　调停

嫩　　能　　腻　　鸟　　牛
奶牛　　农奴　　泥泞　　袅娜　　牛腩

懒　　狼　　愣　　立　　俩
林立　　伶俐　　拉链　　劳累　　理疗

够　　敢　　跟　　纲　　故
高贵　　巩固　　观光　　尴尬　　广告

看　　坑　　抗　　快　　宽
可控　　空旷　　苦口　　夸口　　宽广

悍　　恨　　航　　横　　虎
憨厚　　航海　　豪华　　好汉　　合伙

间	金	将	京	居
基金	集结	即将	寂静	居住
前	亲	强	庆	取
气球	齐全	祈求	牵强	欠缺
想	星	旭	轩	训
喜讯	细心	狭小	乡下	下旬
照	周	战	振	周
自在	扎寨	债主	战争	长者
抽	渗	常	成	宠
长城	超产	车床	惩处	驰骋
瘦	商	绳	书	刷
杀手	沙石	山水	闪烁	赏识
扔	弱	瑞	软	润
柔弱	柔软	肉茸	荣辱	如若
造	赞	怎	脏	增
栽赃	再造	在座	藏族	遭罪
仓	层	促	错	翠
参差	草丛	粗糙	苍翠	残存
撒	散	森	桑	苏
思索	搜索	诉讼	速算	散碎

五、发音练习。

1. l、n 的发音训练

牛郎年年念刘娘，刘娘年年念牛郎。

2. q、x 的发音训练

七巷一个漆匠，西巷一个锡匠，七巷漆匠偷了西巷锡匠的锡，西巷锡匠拿了七巷漆匠的漆，七巷漆匠气西巷锡匠偷了漆，西巷锡匠讥七巷漆匠拿了锡。请问锡匠和漆匠，谁拿谁的锡?谁偷谁的漆?

3. 平翘舌的发音训练

山前有四十四棵死涩柿子树，山后有四十四只石狮子，山前的四十四棵死涩柿子树，涩死了山后的四十四只石狮子，山后的四十四只石狮子，咬死了山前的四十四棵死涩柿子树，不知是山前的四十四棵死涩柿子树涩死了山后的四十四只石狮子，还是山后的四十四只石狮子咬死了山前的四十四棵死涩柿子树。

4. 归音的训练

有位同学叫司志子，司志子从小喜欢写字作诗，清晨起床第一事就是铺纸练字再作诗。有位老师叫石子智，石子智从小喜欢作诗写字，清晨起床第一事就是铺纸作诗再练字。司志子写了一幅字，请石子智老师指导，石子智作了一首诗让司志子同学指正。司志子练字始终学习前世名人书法，石子智作诗坚持效仿古时名诗名著。石子智写的第一首诗为四字诗，四字诗就是每句只有四个字：

日日作诗，事事深思，时时吟诗，字字修饰。

司志子写了一幅字用纸四尺四，四尺四的纸上只写四行四个字：

字字修饰，时时练字，事事深思，日日作诗。

学生司志子和老师石子智坚持做自己喜欢的事，作诗，练字，修饰，深思。

5. 儿化音训练

笑

雨声渐渐的住了，窗帘后隐隐的透进清光来。推开窗户一看，呀！凉云散了，树叶上的残滴，映着月儿，好似萤光千点，闪闪烁烁的动着。——真没想到苦雨孤灯之后，会有这么一幅清美的图画！

凭窗站了一会儿，微微的觉得凉意侵人。转过身来，忽然眼花缭乱，屋子里的别的东西，都隐在光云里；一片幽辉，只浸着墙上画中的安琪儿。——这白衣的安琪儿，抱着花儿，扬着翅儿，向着我微微的笑。

“这笑容仿佛在哪儿看见过似的，什么时候，我曾……”我不知不觉的便坐在窗口下想，——默默的想。

严闭的心幕，慢慢的拉开了，涌出五年前的一个印象。——一条很长的古道。驴脚下的泥，兀自滑滑的。田沟里的水，潺潺的流着。近村的绿树，都笼在湿烟里。弓儿似的新月，挂在树梢。一边走着，似乎道旁有一个孩子，抱着一堆灿白的东西。驴儿过去了，无意中回头一看。——他抱着花儿，赤着脚儿，向着我微微的笑。

“这笑容又仿佛是哪儿看见过似的！”我仍是想——默默的想。

又现出一重心幕来，也慢慢的拉开了，涌出十年前的一个印象。——茅檐下的雨水，一滴一滴的落到衣上来。土阶边的水泡儿，泛来泛去的乱转。门前的麦垄和葡萄架子，都濯得新黄嫩绿的非常鲜丽。——一会儿好容易雨晴了，连忙走下坡儿去。迎头看见月儿从海面上来了，猛然记得有件东西忘下了，站住了，回过头来。这茅屋里的老妇人——她倚着门儿，抱着花儿，向着我微微的笑。

这同样微妙的神情，好似游丝一般，飘飘漾漾的合了拢来，绾在一起。这时心下光明澄静，如登仙界，如归故乡。眼前浮现的三个笑容，一时融化在爱的调和里看不分明了。

附 录

优秀演讲稿

【范例一】

论“男子汉”

各位同学：

上星期接到你们学校的电话邀请，要我来参加一次演讲会，既没有给出题目，也没有说限定在几分钟之内。我一点也不明白主办者的意图何在，这使我感到为难。这是我遇到的第一个困难。今天，我是第一次来到你们学校，一切都是陌生的。在一个陌生的环境里，人容易有一种不适应的感觉，这是我遇到的第二个困难。况且，刚才前面的几位同学又做了精彩的演讲，热烈的掌声可以作证，这给我增加了压力，算是我遇到的第三个困难。不巧得很，我本想凭手中的这么一张卡片做一次演讲，却忘了戴眼镜了，想把它放在桌上偷偷地看几眼也不成了，这是我的第四个困难。所以，上台伊始，就弹开了“困难四重奏”了。(笑声)

但是，我并不胆怯；相反，我充满了信心。我相信，既然我站到了这个讲台上，我就必定能够鼓足勇气，竭尽全力，让自己体面地走下台去！(掌声）因为，我选择了这样一个题目：论“男子汉”。(掌声)

掌声证明，这是一个真正的时髦问题。(掌声、笑声）广大的女同胞和男同胞，都在积极地做这一时髦的促进派。呼声日起，浪头一天比一天大，标准一天比一天高，要求一天比一天严，大有让所有的年轻男性公民们脱胎换骨、重新做人之势。(笑）刘晓庆说：“作女人难，作一个有名的女人尤其难。”我说，作男人难，作一个男子汉尤其难也！(笑声)

但男同胞们是欢迎这个“难”的，正因为其难，才富于挑战，令人神往。

而要成为一个男子汉，最能立竿见影的，大概就是所谓的物理方法了：穿一双中跟鞋，增加些海拔高度；(笑）留一撮小胡子，显出些粗犷，着一条牛仔裤，添几分潇洒……

这已成为人们现今的笑谈了，其实，这是无可厚非的。人既有美丑高矮之分，自然会有一种理想的美的尺度，伟岸、雄健、粗犷和潇洒，都是男性美的基本成分。在化学作用（如果能有的话）产生之前，我们男同胞们先用物理方法装点一下，朝男子汉的座位迈进一步，哪怕是表面上的，外在的一步，也是可以的，有时甚至是必要的。

问题只是在于，仅有这一步还远远不够，物理的方法不能改变事物的本质。真正的男子汉不一定需要上天的特别垂青，他们是在人生道路上，在艰难困苦中修炼而成的。

我不知道女同胞如何评价男同胞，但至少有一位女大学生对我说，对于中国现在的男人们，是太需要唤醒他们身上的男子汉意识了。

对的，太需要唤醒我们身上的男子汉意识了。因为多年来，我们的个性受到压抑，生活被模式化，很多时候，又被婆婆妈妈地温情化了，胆怯、懦弱、安于现状等，不一而足。

但是什么是真正的男子汉呢？

在一次演讲中，一位青年说，阿基米德曾说过，给我一个支点，我要撬动地球，男子汉应当就是这个支点。好！但是，要是用这个支点，撬出来的是一个如"文革"时期的"红彤彤的新世界呢"？他们是真正的男子汉吗？

不，他们不是真正的男子汉。他们也许忠诚，也许还勇敢，然而他们却愚昧，带着奴隶的烙印，没有理性的思维和判断。一个真正的男子汉，可以没有伟岸的身躯，可以没有雄壮的体魄，但决不应该只是一架听话的机器，决不可以没有独立的人格，决不可以没有清醒的闪烁着理性光芒的头脑！（掌声）

真正的男子汉应该是无所畏惧的，应该是有雄心壮志的。但这并不是吹牛说大话，在我们并不太长的人生路上，响彻云霄的口号一定是听得太多了。

"天塌下来也撑得起！"听起来豪迈气魄，但常这样说的人中，有不少是明知道天是不会塌下来的。话越大，越没有人要他兑现，就像我们生活中，常有人高喊为祖国而努力学习，却很少有人说某次考试或者某次竞赛要夺第一名一样。

在无数的呼喊着口号的画面中，只有一幕场景使我不能忘怀。那是长篇小说《欧阳海之歌》中的一个情节：20世纪60年代初，苏联撕毁合同，撤走专家，国家面临巨大困难，欧阳海所在的部队，奉命开赴一个战备施工工地。临行前，老政委来作动员报告，蒙蒙细雨之中，这位老军人站在吉普车上，寒风吹拂着他的白发，数千名战士听到他深沉坚定的结束语，"天是塌不下来的！"

是的，天是塌不下来的，如果我们没有伟岸的身躯，没有出众的才能，我们不能"顶天"，那没什么关系，但我们可一定要"立地"，脚踏实地而又无所畏惧，这是男子汉的必备品质！（掌声）

很显然，英雄气短，儿女情长，算不得真正的男子汉。但在外一条虫，回家一条龙，只会在妻子儿女面前耍威风，或者只会在父母面前耍威风的也绝不是男子汉。那些一心扑在工作上，置妻子儿女于不顾的，也不是男子汉。我们听惯了这样的宣传：某某先进人物一心工作，妻子病了不管；儿女的学习不管；父母的生活不管……我认为，这是他在推脱他应负的责任。这种人，也许工作称职，也许小有成就，但他愧为丈夫，愧为父亲，也愧为人子，这不是男子汉。男子汉者，应承担一切该承担的责任，不因事大而不敢为，不因事小而不欲为。（掌声）

这使我想起鲁迅先生，一位真正的男子汉。想起半个多世纪前，郁达夫曾对一位女作家说过，鲁迅是那时中国唯一的美少年。

鲁迅却并不是一个完美的男人，据说身高只有一米五几，这不敢肯定，但很矮小是确实的。从照片上看，他也没有炯炯有神的大眼睛，没有挺拔的鼻梁，更没有雕塑感的阿波罗式的下巴。（笑）

然而鲁迅是一个真正的男子汉，他的博大、精深，他的刚毅、坚强，他的冷与热，他的爱与憎，无一不使我钦佩和向往。特别是他那一把骨头，越到晚年越是硬朗，就连他那自称隶书“一”字般的胡子，瘦得有棱有角的脸庞，无一不显出一个男子汉的气质。那是一个真正的男子汉，一个在我心目中男子汉的座位上，占了第一把交椅的人。

我忘不了这样一件小事：有一次鲁迅在一家店里宴请几位作家。席间，鲁迅的独子海婴连把两颗丸子咬了一口，又吐了，说是变味了，而其他人吃时都没有觉得。许广平便怪海婴调皮，客人们也觉得这孩子想是被惯坏了。鲁迅却不然，他夹起被海婴吐掉的丸子尝了尝，果然是变味了的。他感慨地说：“小孩总有小孩的道理……”写这篇回忆文章的，是当时在座的柳亚子先生，那种感动之情，溢于字里行间。我读到此，更是久久不能平静，每次想起，都使我激动和深思，深切感受到了鲁迅先生的可亲可敬。在鲁迅先生那一颗现代中国最苦痛的“灵魂”中，实在是包容着最深沉的爱、善良和体贴。

倘若那时，他老先生不问青红皂白，勃然大怒，左手按住海婴的小脑袋，右手在海婴屁股上狠狠来几下；或是横眉冷对，吓得海婴有苦难言；或是大声苛责，要保姆把这小小的“不法分子”押到一边去隔离审查……（笑声）那我可真要对不起，要把他老人家在我心目中男子汉的座位上，从第一把交椅往后面挪一挪，挪多挪少，那就得视情节轻重而定了。（笑声）

然而鲁迅是一个真正的男子汉，一个在我心目中男子汉的座位上，永远占据了第一把交椅的人。

所以，真正的男子汉，不仅应博大、精深，有理性的头脑，能开创一番事业；不仅要刚毅、坚强、有无畏的精神，敢蔑视一切困难，他也要能宽容，具善意，有爱心。正所谓“无情未必真豪杰，怜子如何不丈夫”也。但愿我们的世界，因为会有更多的男子汉的出现，而充满了男性的美，男性的力度，男性的清醒与坚定，也充满了男子汉深厚宽广的爱！（长期掌声）

【鉴赏提要】

这是在校学生浩云的演讲。文章根据现场听众的特点，选择了同学们比较感兴趣的话题——关于“男子汉”的论证。在演讲材料的组织上，引用了名人的言论、轶事、书籍上的知识，和现实生活完美地结合在了一起，可见演讲者有丰富的文化知识和生活感悟。在对主题的论证中，层层深入，将男子汉的形象不断形象化、具体化。演讲的开始没有表明自己演讲的主题，欲擒故纵，列举了一系列的困难，建立起与听众之间的感情桥梁，使听众紧随演讲者的感情而起伏变化。以总结为结尾，强调和深化了演讲给观众的印象。演讲语言生动幽默，节奏感强，是一篇非常优秀的学生演讲佳作。

【范例二】

向生命中一切的青春举杯

（1920年12月）

在这样隆重的、这样叫人不知所措的盛情场合，我该怎么办才好呢？我觉得我已经飘飘然起来了，走在空中，我的头在旋转。这个时候叫我从容自处，真是不易，今天，荣誉与财富都堆积到我身上，虽然我自己还是我自己，但是，就在一分钟以前听到我的祖国的国歌在大厅里回绕，我真的被这对我国家的致敬捲得脚不着地了。

说起来可能是好的，这不是我第一次被捲得脚不着地。在我那被祝福的年轻时代，也有过这样的机会。哪个年轻人的生命中没有过这样的机会呢？每个人都有过的；那唯一觉得这种感觉陌生的，是那些年纪轻轻却已变成了保守派的人，他们生下来就老了，他们不懂得什么叫两脚离地。对年轻人来说，没有比这种过于早熟的精明与冷漠更坏的命运了。天知道，在成年以后，仍旧会有许多被捲得两脚离地的机会。这又怎么样呢？我们还是我们，而这一切对我们都是好的！

不过，在这种群英荟萃的集会上，我可不能再沉醉在自己这闭门造车的智慧中了，尤其是下一位接受颁奖的人是科学界的代表。我会马上坐下，但今天是我的大喜日子。我被你们仁慈地拣选出来，从上千的人中拣选出来，用桂冠加冕！我代表我的国家，感谢瑞典文学院和所有的瑞典人，感谢你们颁给我这份荣誉。就我个人来说，我在这样沉重的荣誉下俯首，但我同样为你们的学院认为我的肩膀足以承担这一重担而感到骄傲。

刚才一位杰出的演说家说我有我自己的写作方式，这或许是我唯一能够自诩的了，此外再没有别的。不过，每个人都会对我有所教益，而又有谁不会从他人那里或多或少学到一点什么呢？而使我受益最深的，是瑞典的诗，尤其是上一代的抒情诗。如果我对文学名著能更熟稔一些的话，那我就可以无止境地引用和借鉴。我承认我作品中的那些经你们慷慨发现的长处就是从那里受益而来的。然而，这些如果出自像我这样的人，会变成只是空洞的名词，浅薄的声音，而没有沉厚的低音做支持。我已经不再年轻，已经没有那个力量这样做了。

不，现在，在这灯火辉煌中，在这杰出的与会人士面前，我真愿意做的是向各位抛洒礼物，抛洒花朵与诗歌——再度年轻，再度乘风破浪。在这杰出的场合，这个我最后的一次机会上，这是我希望做的。我不敢做，因为我逃不了被嘲笑。今天，财富与荣誉都挥洒在我身上，但有一项礼物却是缺少的，那却是最重要的一项，最攸关的一项——那就是青春。我们之中没有一个人老得记不起它来的。我们这些已经老了的人向后退回一步，并用尊严与优美退这一步，我认为这是适当的。

我不知道我该怎么办才好，我不知道什么是我应该做的，但是，我向瑞典的年轻人举杯，向全世界的年轻人举杯，向生命中一切的青春举杯。

【鉴赏提要】

克努特·汉姆生（1859—1952），挪威著名作家。出生于挪威古德布兰斯达尔，19 岁开始学习写作，当过鞋匠、电车售票员和农业工人，自学成才。1890 年汉姆生以小说《饥饿》一举成名，此后一发而不可收，佳作连出，主要成果有《神秘》《牧羊神》《维多利亚》，其中以《维多利亚》最为著名。此外还有《最后的欢乐》《梦》和《流浪者》等。出版于 1917 年的《大地的成长》三部曲是汉姆生创作的高峰，并因此而获得诺贝尔文学奖。小说表达了汉姆生回归自然的哲学观念，塑造了反对西方现代文明，追求田园乐趣、渴望返回自然的主人公伊萨克。1920 年汉姆生的诺贝尔奖获奖评语是“为了他里程碑式的作品《大地的成长》”。

本篇演讲词是汉姆生在诺贝尔文学奖授奖式上所作。获得诺贝尔文学奖是每一个作家梦寐以求的，站在领奖台上有谁不会热血沸腾、激动不已呢？最自然的莫过于以表达自己的兴奋和激动开始自己的演讲了，汉姆生十分坦率：“我觉得我已经飘飘然起来了，走在空中，我的头在旋转。”但汉姆生没有只为自己个人的成绩沾沾自喜，更使他兴奋不已的是自己为祖国争得了荣誉，“就在一分钟以前听到我的祖国的国歌在大厅里回绕，我真的被这对我国家的致敬捲得脚不着地了。”他以自己的坦率得到了听众的信任，然后由激动把话题很巧妙地引到年轻人身上：“说起来可能是好的，这不是我第一次被捲得脚不着地。在我那被祝福的年轻时代，也有过这样的机会。哪个年轻人的生命中没有过这样的机会呢？”由此，演讲导入主题——对青春进行歌颂与赞美。汉姆生采取了欲扬先抑、反面强调的手法。首先为自己得此殊荣而感到自豪，然后情绪陡然一落，自己已不再年轻，不能再创造充满激情的作品。是啊！在鲜花、荣誉、灯火辉煌中多么想再度热情奔放，再度英姿勃发，再度年轻英俊呀！但青春已逝，华发早生。“今天，财富与荣誉都挥洒在我身上，但有一项礼物却是缺少的，那却是最重要的一项，最攸关的一项——那就是青春。”在演讲结束时，汉姆生情绪达到高潮，至此正面点出自己的主题，充满激情地高呼：“我向瑞典的年轻人举杯，向全世界的年轻人举杯，向生命中一切的青春举杯。”

汉姆生在答谢演讲中赞美青春并不是无病呻吟，而是借此机会表达了自己的人生意趣与审美倾向。汉姆生一生著作甚丰，他作品中的主人公多为年轻人而且思想活跃，不拘旧俗，耿介狷傲，特别是早期作品所塑造的一些“孤独的英雄”，他们或者是把自己的一切置之度外，或者成为冲击社会羁绊的叛逆者。作品情绪高昂，充满幻想和热情，洋溢着勃勃向上的生机，青春气息扑面而来，给人以鼓舞和激励。站在领奖台上的汉姆生明确而简练地把自己的创作思想向听众作了介绍。

汉姆生的演讲始终没有离开获奖答谢这一特定场合，同时又自然地表达了自己的文艺思想。没有拘泥于一时一地，巧妙引申，思路自然而灵活。

2001年国际大专辩论会决赛辩词实录

【范例一】

辩题：金钱是不是万恶之源

正方：武汉大学

反方：马来西亚大学

主席：蔡萦

主　席　首先有请正方一辩蒋舸同学发言，时间是三分钟，请。（掌声）

正方一辩　谢谢主席。各位评委，各位观众，大家晚上好。《圣经》中失乐园的故事和中国先贤孟子的教诲都说明了人之为恶并非本性使然，而是外在的诱惑使人迷失了自己的良知。那么，外在诱惑如此之多，为什么偏偏是钱成为了万恶之源呢？

第一，钱具有与任何商品进行等价交换的现实合法性。一方面，钱既是财富的象征，又是一般等价物。它具有无限的效力，因此能引起人的无穷贪欲。但是另一方面，每个人对于金钱的占有又都是有限的，无限的欲望根本不可能得到满足。正是金钱这种效用无限性和占有有限性之间的矛盾，使它比其他任何物品都更能激起人心中的非分之想，从而使人迷失良知，堕入邪恶。

第二，钱不仅可以在商品领域呼风唤雨，而且也可以使非商品商品化。它不仅是物质财富的象征，而且成为了精神价值的筹码。权力、地位可以用钱购买，贞洁、名誉可以公开出售，人性、尊严被待价而沽，甚至天理、良心也染上了铜臭之气。莎士比亚早就揭露道，金钱可以使黑的变成白的，丑的变成美的，错的变成对的，卑贱的变成尊贵的。正因为金钱具有如此混淆是非、颠倒乾坤的无边法力，它才成为了滋生种类繁复、数量极多的罪恶肆意蔓延的深刻根源。

第三，人对钱的崇拜异化了人与钱之间的关系。钱本应是促进社会经济发展的一种工具，但在现实中，却被人们当作了顶礼膜拜的上帝。因为钱，人们迷失于这光怪陆离的物欲世界；因为钱，人们丧失了内在良知却还浑然不觉；还是因为钱，人生价值和人性尊严都被当作了牺牲品（时间警示）供奉到了拜金主义的祭坛之上。人创造了金钱，却又对自己的创造物顶礼膜拜。当钱从手段上升为目的的时候，人却从主人沦落为了奴隶。诚然，是有人能在金钱面前保持清醒，但是这是因为他们主观上有道德良知的呼唤，客观上又受到社会规范的约束。正如我们不能因为有人对病毒免疫，就否认病毒是病的根源一样，我们也不能因为有人能在灯红酒绿面前洁身自好，就否认钱是万恶之源。钱作为工具，的确可以促进社会经济的发展，但问题就在于现实中，它已经被人们当作了目的本身。当崇尚自由的人类精神已经被缚上了黄金锁链的时候，它还能自由飞翔吗？谢谢。（掌声）

主　　席　下面我们来听听反方一辩陈勋亮同学是如何破题立论的，时间是三分钟，请。（掌声）

反方一辩　谢谢主席。大家晚上好。对方辩友刚才告诉我们，钱之所以是万恶之源，因为她把钱等同于目的了。那我想请问二辩一个问题，我今天奉公守法地去追求钱，钱也是我的目的了，请问钱成为万恶之源了吗？第二，对方辩友告诉我，钱有时不是万恶之源，是因为有法律的制约。我想请问各位，法律是制约钱的准则，还是制约我们行为的准则呢？如果是制约行为的准则，那钱还是万恶之源吗？

接下来，且让我开宗明义，解释一下辩题的几个重要定义吧。钱其实是人类文明发展的产物，它是一个不具主动性的交易媒介。而恶则是一个价值上的破坏，行动上的破坏。而我们所谓的源，就是事情的起源和根本。《辞海》就告诉我们，所谓的万恶之源就是一切恶的根源。而我们今天不想在辩论场上为了定义而做这无谓的争执，所以必须回溯原点。而我们知道，“钱是万恶之源”其实源自于英文的一个俗语，请恕我用英语来说：Money is the root of all evils。这其实是源自于《提摩太》第六章第十节。它告诉我们，其实一切万恶的根源是由钱导致出来的。我方认为，不是。因为钱根本就无法具备万恶之源的两个特性：第一，它无法告诉我，钱如何全面性地涵盖一切恶源。第二，钱不能够具有源的根本性。如果对方辩友说，钱是万恶之源的话，那就请你解答我方以下四大疑问：

第一，世界上的恶可是成千上万，难道用单一的钱就可以解释所有的恶吗？强盗杀人放火也许是为了钱，但难道今天家庭暴力、虐待儿童，甚至是种族大屠杀都是为了钱吗？

第二，今天钱的起源其实是错综（时间警示）复杂的，我们无法将它归类成一个共同的源头。我们知道独裁者排除异己，可能是为了钱，但难道他就不可以为了权势、地位，或者因为愚昧导致的吗？可见如果以钱作为万恶之源，是有点以偏概全之嫌了。

第三，萨特这位哲学家就告诉我们，人具有自由意志，人是有选择的权利，因为人必须为自己的行为而担负一切的责任，我们不应该把一切的恶的罪行都怪罪于钱上。同样是钱，但是为什么君子求财却是取之有道，小人求财却是偏偏喜欢偷盗呢？可见，根本就不在于钱吧。

第四，今天如果钱是万恶之源，为什么有人会用万恶之源来行善呢？陈六水先生创办了南大，而我们看各地的华人也在华东发生大水灾时候慷慨解囊。如果钱是万恶之源的话，那么到底这个罪源（时间到）如何结出善行呢？谢谢各位。（掌声）

主　　席　现在我们请正方的二辩袁丁同学进一步阐述正方观点，时间是三分钟，请。

正方二辩　谢谢主席。大家好。对方同学有四大问题，可惜一个前提错了。他们告诉我说，《辞海》中，“万”是一切。可是我方也查过《辞海》，无论是《辞海》《辞源》，还是《说文解字》，“万”从来就没有“一切”的意思。对方同学用的是不是盗版呢？不过盗版也是钱造的恶呀！（笑声、掌声）对方同学，我们再举一个例子，我们说一个人经历了千辛万苦，是不是说他要经历一切的苦呢？显然不是。

其实，钱是万恶之源就是说钱能够产生数量极多而且品种繁复的恶行。这一点，历史早有明证。

想当年，罗马帝国雄踞一方，给帝国带来了荣耀，也带来了源源不断的财富。但是很快，原本淳朴的罗马人就拜倒在金钱的脚下，沉迷于声色犬马的放荡之中，而帝国终于也在这种腐朽和堕落中分崩离析。中世纪时，天主教徒也曾一度以洁身自好为骄傲，但是金钱的魔力终于还是突破了道德信仰驻扎的地方。为了钱，教皇约翰22世居然公然为世上的罪行标上了价码。你犯了偷盗的罪吗？没关系，只要三个金币就可以不受惩罚。你犯了奸淫的罪吗？不要怕，五个金币就可以高枕无忧。即便你犯了杀人的罪，也没什么大不了的，只要七八个金币就可以保证你的灵魂照样上天堂。《圣经》里说，让有钱人入上帝的国比让骆驼穿过针眼还要困难。然而在利欲熏心的人看来，却是天堂大门朝南开，有德没钱，您就别进来。（掌声）

到了近代，社会进步的阳光普照大地，然而金钱罪恶的阴影却依然挥之不去。因为钱，热爱自由的美国人却迟迟不肯把自由给予黑人奴隶；因为钱，标榜平等的荷兰人却要强迫东方国家和他们签订不平等的条约；还是因为钱，高唱博爱的法国人却偏偏忘了把爱给予终日劳作，却依然食不果腹的数万童工。

事实（时间警示）胜于雄辩。一部西方文明发展史就这样清清楚楚地向我们表明了金钱化神奇为腐朽的巨大魔力。

无独有偶，在东方，无论是古巴比伦王国，还是阿巴斯王朝，不都是由富甲一方走向了荒淫颓败吗？而在中国的传统社会中，一个满腹道德文章的读书人，其最高理想却也不外乎“学成文武艺，货与帝王家”。这已经是赤裸裸地把人生看做一场金钱的交易了。因而才会有“三年清知府，十万雪花银”的民谣。当金钱的魔力使人把羞耻之心和报国之志都抛诸脑后的时候，我们还能说钱不是万恶之源吗？我们已经不用再费解，为什么一个文明古国却会数千年都受腐败之害。

古人云：“以史为鉴，可以知兴衰。”面对着东西方的历史，我们不禁要问：金钱，究竟有多少罪恶由你而生，究竟有多少盛世由你而亡？谢谢大家。（掌声）

主　　席　接下来我们来看看反方的二辩陈锦添同学是如何反驳正方观点的，时间是三分钟，请。（掌声）

反方二辩　谢谢主席。大家好。一个苹果，你不管再怎么切它，终将也只能是一个苹果。今天对方似乎为我们举了很多种的“恶”，但其实就只有一种“恶”，那就是贪钱。而世间的万恶真的就只有贪钱一种吗？而今天对方说，今天“万”不叫做“全”。那我想问对方辩友，今天我说“你万万不可同意我的立场”，是不是说，你大部分时候不同意，偶尔可以同意一下呢？（掌声）而今天对方主辩的逻辑很有趣。他今天告诉我们，因为对金钱的追求是无限的，而对财富的占有却是有限的，所以金钱就是万恶之源了。那么我说我对道德的追求也是无限的，可是我所拥有的道德也是有限的，所以道德也是万恶之源吗？（掌声）照这样的逻辑，今天健康也是万恶之源，今天，爱情也是万恶之源了。（笑声、掌声）

好的，继续阐述我方立场。我方认为钱不是万恶之源。为什么呢？因为钱无法全面性地涵盖世间所有的恶。根据人类学的研究，我们知道恶的形态主要分为四大类，而其中有三大类就跟钱完全没有关系，另外一类，对方已经帮我说了。我们说，信念极端之恶。1995 年的时候，在东京的地铁站发生了毒气事件，结果造成了 12 人死亡，5500 人进入医院治疗。而我们更看到，十字军东征的时候，不只是成年人受伤害，而很多无辜，手无寸铁的妇人和小孩躲在教堂里面，结果也被活活地烧死。我们看到这种死伤流血最多，死的人也最多的案例，难道不在对方所谓的万恶里面吗？如果在万恶里面的话，那跟钱到底有什么关系呢？请对方二辩待会儿稍微浪费一点时间为我解释一下。

我们看到情欲的过分宣泄。在美国有这样一个案例，有一个妇女，趁她丈夫熟睡的时候，竟然用西餐刀狠狠地把她丈夫的“子孙根”给切下来了。我们说这种惨案的发生，到底是因为（时间警示）家用给的少，还是因为仇恨呢？而我们更看到，大马有一个痴心汉，因为他的女友另结新欢，结果，他就把他的女友分尸 13 段。这个恶的导因到底是因为他内心的仇恨——他内心本来这种憎恨，还是因为他的女友没有给他分手费呢？（笑声、掌声）

我们更看到，价值的非理性违反。我们知道，今天不忠、不孝、不仁等，都是恶。可是我们看到，吴三桂让清兵入关，他为的是陈圆圆，而不是美元。（笑声）而今天我们更看到，今天如果你走在路上，你看到一只狗，你踢它一脚，你看到一只猫，你踩它一下，到底这是因为你有暴力倾向，还是因为那只猫和那只狗欠你钱呢？（笑声、掌声）

所以我们知道，今天综上所述，世间的很多恶都不是由钱决定的，钱不能引导恶的出现。钱到底是万恶之源吗？如果真的是万恶之源的话，请对方解释种种以上的恶到底跟钱有什么直接的关系。谢谢。（掌声）

主　　席　接下来我们请正方三辩余磊同学对正方的观点做进一步的补充，时间是三分

钟，请。（掌声）

正方三辩 谢谢主席。评委，各位好。对方同学的问题我会一一解答，请不要着急。首先，对方二辩告诉大家，“万万不可”表明的是一切的意思。您搞错了。“万万不可”的“万”字是一个副词，我们今天说的“万恶之源”的“万”字是一个形容词。您把副词和形容词来做类比，是不是叫做“把马嘴安到牛头上”呢？（掌声）对方同学今天要我方解决的第一个问题是邪教，问题在哪里。可是您知不知道，您举的那个麻原彰晃的例子，麻原彰晃的一根头发卖给他的教徒要三万日元，一杯洗澡水要卖五万日元，他嘴上不说，心里想的还是钱啊！（掌声）其次，对方同学谈到了家庭暴力。让我们想一下，家庭暴力多数是男人打女人。男人打女人的时候会说什么？“我辛辛苦苦赚钱养家，你还不好好伺候我！”还是钱哪！（掌声）第三点，对方同学还谈到了仇恨。让我们想一下，仇恨是什么？中国人说杀父之仇，夺妻之恨。可是现在有的人没有钱就可以卖老婆，有了钱可以出卖自己的父亲，还不是仇恨吗？最大的仇恨都是由钱而引起，对方同学还能否认钱是万恶之源吗？（掌声）第四点，对方同学还提到了吴三桂，他说吴三桂是为了陈圆圆。这样的借口，对方同学能相信吗？如果吴三桂真的是为了陈圆圆，他清兵入关之后已经做了云南王，陈圆圆也已经到手了，为什么还要高官厚禄，心里还不放松，还要做皇帝呢？还是为了钱！对方同学的以上种种例证都不能证明，如何否认我方观点呢？（掌声）

刚才我方二辩已经从东西方的历史给大家证明了钱是万恶之源。现在，再让我们来看看这个现实的社会。我们可以看到，在政治领域，因为对金钱的崇拜导致了人们对权利的追逐，而一旦获得权力，又以权力为工具来攫取金钱，从而形成了对方同学深恶痛绝的权钱交易；在经济领域，由于金钱的巨大魔力，导致人们违背自己的天理良知去（时间警示）制造假冒伪劣，牺牲自己的恻隐之心来打击竞争对手，甚至在面对冰冷的绞刑架时，依然能够表现出飞蛾扑火般的莽撞与冲动；在日常生活领域，同样因为钱，一些人可以杀人放火、抢劫绑架、拐卖人口、贩卖毒品，这些活动哪一样没有深深地打上金钱的烙印呢？面对金钱造成的骇人听闻，如果对方同学还能告诉大家钱不是万恶之源的话，我只能用巴尔扎克的一句话来与对方共勉：“金钱无孔不入地渗透到我们的社会当中，他控制了法律，控制了政治，控制了经济，控制了道德。当我们的一切为金钱所控制的时候，我们将何去何从？”谢谢各位。

主　席 现在我们请反方三辩陈政鞁同学发言，时间是三分钟，请。（掌声）

反方三辩 谢谢主席。首先对方要我说，“万”字是一个副词还是形容词。那形容词可多得很啊！什么叫万全之策、万无一失？什么叫万有引力、万物之灵？这些“万”难道不是指全部，难道是指有例外吗？第二，对方今天的逻辑点其实很简单。告诉我们，因为钱有诱惑力，所以钱就是万恶之源。可是我们知道，女性的美对男性来说也有一种无限的诱惑力。难道男性侵犯女性的时候，我们可以说女性有诱惑力、女性就是万恶之源吗？（掌声）第三，对方从一辩到三辩形形色色地告诉我们种种关于恶的类型，其实总结一句，就只有一个贪钱而已。但是贪钱，恶在于贪，还是在于钱呢？如果说恶在于钱的话，那么我告诉你，人类不只贪钱，还贪吃、贪喝、贪睡觉呢！那么，食物和睡觉本身难道也是万恶之源吗？（掌声）第四，对方今天谈万恶之源，但是谈来谈去总是漏了一些，包括种族屠杀、宗教冲突、恐怖主义、社会暴力等。对方的万来万去，为什么就不谈这些流血最多、伤亡最重的恶行呢？对方这种以偏概全的立论能够被大家接受吗？

接下来，我方认为，钱和大多数的恶都没有关系。即使跟钱有关系的，钱也未必是恶的必然导因。第一，以钱为目的，未必就让人去行恶。同样是追求金钱，有人奉公守法，安分守己；有人作奸犯科，不择手段。关键不在于钱，而在于人追求钱的方法和手段。今天，主办当局设定一万元的冠军奖金，难道是诱惑我们去行恶吗？不，（掌声）追求金钱不是恶，不择手段追求金钱那才是恶。第二，以钱为手段就未必导出恶的结果。如果说钱是万恶之源，大家想一想看，恶的根源为什么会结出善的果实呢？今天我以“万恶之源”来奉养我的父母，今天慈善机构都会以“万恶之源”来救苦济贫，新加坡政府更以“万恶（时间警示）之源”来建设国家，这难道是在行恶吗？可见不是。那么对方是不是已经默认了，其实是人的行为决定了钱的善恶。那时钱还怎么可能是万恶之源呢？（掌声）第三，以钱的本质而言，钱没有主观能动性，钱是一个没有意识、没有生命力的东西。对方把一切罪行都归于钱，这对钱公平吗？那小偷就会说：哦，我偷钱的时候，不要怪我，不是我本身有贪欲，而是那个钱太吸引我了，要抓就抓钱，不要抓我啦。（掌声）这样子不负责任，能够被大家接受吗？第四，恶的出现在先，钱的出现在后。请问大家，在还没有钱出现之前，世上难道就没有恶行吗？原始人的时候，在还没有钱出现的时候，他们饿了，就杀掉同类；性欲来了，就侵犯异性。这样子的恶又是什么钱导致出来的呢？因此，恶在先，钱在后，钱又怎么可能是万恶之源呢？谢谢大家。（掌声）

主　　席　现在呢，又是双方辩友施展辩才的时刻了，马上要进行的是自由辩论。在自由辩论当中，各队都有四分钟的发言时间，必须交替发言。我们先从正方开始，请。

正方四辩　对方三辩刚才谈“贪”，请问“贪”字怎么写？上面一个“今”，下面一个“贝”。“贝”是什么意思？还是钱嘛！我请问对方辩友一个你也很熟悉的问题，所以请不要回避。请问印尼前总统苏哈托，是什么力量使他个人利益和集体利益不可以两全的呢？

反方四辩　是他个人的贪念。我想苏哈托却不会说，“由于是钱的诱惑，我个人无罪吧。”我倒是对对方一辩提出的整个立论架构很感兴趣。她说今天人为恶不是本性使然，是钱诱惑他的。那我想请问对方辩友，那钱还没发明之前，世界上有没有万恶呢？

正方三辩　原始社会到底有没有恶，伦理学上有争议。但是没有争议的是什么呢？是钱产生之后，恶的种类，恶的形式是一日千里，突飞猛进，犹如“黄河之水天上来，奔流到海不复还”啊！（掌声）

反方三辩　对方认为在原始社会钱还没有出现的时候，那种伦理还有争议。真的有争议吗？难道肚子饿了就杀掉同类；看到性欲起来就侵犯女性，这种恶还叫做有争议啊？

正方二辩　这叫做动物性，根本就不是人的善恶嘛。对方同学刚才对苏哈托的问题，告诉我们是贪念，贪什么呢？贪钱。我再请问您，又是什么力量使得色情网站如洪水猛兽一样打击着东方各国原本淳朴的本土文化的呢？请正面告诉大家吧。（掌声）

反方一辩　所以其实对方辩友是告诉我，人在钱还没有出现之前，是兽性。也就是钱还没出现之前，人根本就不是人，人是动物。这样的逻辑大家可以信服吗？（掌声）

正方一辩　对方没有回答我方二辩的问题。那我还要请问您一个熟悉的问题了，是什么力量使得马来西亚的球员在联赛中愿意把球往自己的球门里面踢呢？

反方四辩　一场辩论赛，我们说要讲事实，摆道理。对方辩友空摆事实，不讲道理。您的立论明明告诉我们说，人的本性根本没有恶这一回事，那是你的立论基础，为什么你又告诉我，人有动物性这种恶的本因呢？

正方三辩　动物性等于恶吗？请大家想一下。对方辩友看到一只老虎吃兔子，会告诉大家这个老虎多么的恶。这个恶是我们社会评判的标准吗？对方辩友对于善恶的观念根本就是界定错误嘛。（掌声）

反方二辩　我想请问对方辩友，对方说人没有恶的本性，那请问，贪婪是不是恶的本性？是不是人的本性呢？

正方二辩　我方已经说了，连“贪”字下面都有个“贝”字，那不是表示对钱的贪欲吗？（掌声）对方同学，请你告诉我们，马来西亚的球员为什么要把球往自己的球门里踢？对方同学恐怕不是不知道，那是因为赌球，赌球是为了什么？为了钱！

反方四辩　有一个“贝”字，就是为了钱。那我们今天“辩论员”的“员”字下面也有一个“贝”字，你是说我们大家都是贪钱的人喽？（掌声）

正方三辩　首先告诉对方同学，在中文的语言当中，目前的“员”字当中没有一个“贝”字。还要告诉对方同学，对方同学说，今天的奖杯有一万块钱，我们会不会去贪呢？我们不会，因为我们受过教育。而且还要提醒对方同学，在这种情况下根本就没有恶的存在。没有恶的存在，对方同学还要讨论恶之源，是不是叫做“没有牙齿的老太太嚼牛筋——白费口舌”呢？（掌声）

反方二辩　对方说到教育，我倒想问对方一个问题，今天你教育，是教育人，还是教育钱呢？（笑声）

正方四辩　对方辩友，您的四辩告诉大家说，我方不谈逻辑，光谈事实。可是事实问题您一个都没有解决呀！您不愿意说赌博的问题，那好，我们就谈谈毒品犯罪，请问您，毒品犯罪背后的推动力量究竟是什么？

反方三辩　如果要谈事实的话，我想人类最悲剧的一个事实就是在南京大屠杀的时候。请问南京大屠杀的时候，日本人蹂躏我们中华女性的时候，他是为了钱才这样做的吗？（掌声）

正方二辩　按照对方辩友的观点，日本人侵略亚洲各国，为的不是经济利益，为的是建立“大东亚共荣圈”。这样的借口，我们能接受吗？（掌声）

反方一辩　对方辩友别忙着扣帽子。如果经济发展就是万恶之源的话，那新加坡经济蓬勃发展，不是把恶源给堆得越来越多了吗？对方辩友，请你回答我方的一个例子吧。如果钱是万恶之源，那到底钱跟东京的沙林毒气案件有什么关系呢？

正方四辩　新加坡在经济发展方面的确做得很好。可是日本的经济发展比新加坡做得更好啊！他还不是一变脸就说："反正我现在有钱了，我根本就不承认我侵略了东南亚各国啊！"（掌声）

反方二辩　日本侵略，经济发展，是不是恶呢？

正方一辩　我方刚才已经说得很清楚了。有一点钱就敢于把自己的恶都否认了，恶而不自知，恶莫大焉。

反方四辩　对方辩友说到日本人篡改历史，我想请问，这种不顾事实、掩盖历史的现象，这种恶是钱带来的吗？（掌声）

正方三辩　钱多，这叫钱多烧得慌，冲昏了头脑啊！对方同学，毒品的问题，请您告诉大家，是什么让毒犯舍得一身剐，敢把毒品扶上马？

反方三辩　冲昏了头脑，我再问对方一个现实的例子，那日本人在砍杀一个人头的时候，他得到多少报酬呢？他在强奸一个少女的时候，他得到多少佣金呢？你告诉大家，是野性，是兽性，还是钱呢？

正方二辩　按照对方同学的说法，是不是说他砍了一个脑袋，得到了一些钱，这个恶就不叫恶了？日本人可是这么说的，他说我愿意赔钱，只要你不再要我道歉了。

反方一辩　请你们看，其实对方辩友来来去去还是谈一个例子，就是贪钱的例子。请问，今天我们贪的就只有钱吗？我方问了，色情的罪恶是不是万恶之源？我想请问对方辩友，到底强奸是不是万恶包括在内的呢？

正方三辩　中国人说"万恶淫为首"。但是现在有了钱可以大摇大摆出入红灯区，还认为是风流快活。对方同学，把不道德的变成（时间警示）道德的，把不合法的变成合法的，还不能说明是万恶之源吗？（掌声）

反方四辩　说到"万恶淫为首"，就让我想到性侵犯。美国根据调查，每三位妇女就有一位曾经面对过性侵犯的这种侵扰。请问各位，这和钱有什么关系呀？

正方二辩　可是我也知道，美国现在每两分钟就有一次抢劫案，每三分钟就有一次盗窃案！（掌声）

反方一辩　所以对方辩友说得好啊，又有抢劫案，又有强奸案：为什么今天你的万恶之源导致部分的恶呢？部分的恶等于万恶吗？请你论述一下吧。（掌声）

正方三辩　很简单嘛，对方同学将"万"字的概念界定错误。我方已经重申过四遍了呀！

反方四辩　对呀，这个界定本身就是不看原典。请问你知不知道，这句话原典是来自《提摩太》第六章第十节呢？

正方四辩　我可以告诉您中文的原典在哪里？在这里。（举起《汉语大辞典》）《汉语大辞典》中，"万"字一共9种意思，没有一种是"一切"。请对方辩友自己去查。（掌声）

反方四辩　对方辩友（时间警示）把今天这个辩题断章取义，你只告诉我是一"万"字，不是"万恶之源"。成语、谚语、《辞海》也告诉我们，"万恶之源"所指是一切恶的源啊！（掌声）

正方一辩　对方辩友，刚才我方的问题您都不愿回答。其实贩毒是冰山一角，现在全世界的有组织犯罪，还有偷渡、卖淫、造假、洗钱、走私，请问其中哪一种不是为了钱呢？

反方二辩　毒贩有罪，还是钱有罪呢？（笑声）

正方二辩　对方同学知道为什么毒贩都抓不到吗？因为有官员腐败。请问腐败是不是为了钱呢？（掌声）

反方一辩　对方辩友没有回答我方问题，到底是毒贩有罪，还是钱有罪呢？

正方三辩　毒贩不是为了钱，难道是为吸毒者服务的吗？那他干脆无偿大派送好了。（笑声、掌声）

反方三辩　那么一个强奸犯强奸一个女人，是强奸犯有罪，还是那个女人有罪呢？（嘘声）

正方三辩　对方同学今天的兴趣怎么只在强奸上面？（笑声、掌声）世界上那么主要的恶，您视而不见啊！

反方四辩　所以对方辩友今天看万恶之源，只看抢劫。那强奸就不是万恶，那是大善吗？

正方二辩　强奸当然是恶。可是我已经说了，现在有人有了钱就可以进红灯区，连强奸都不算强奸了，这是不是恶呢？（笑声、掌声）

反方二辩　如果强奸对方不能回答，那我就问你，校园枪杀案是不是说，杀了一个人我就可以得到很多钱呢？

正方三辩　因为新闻媒体播放暴力片，让天真无邪的孩子心灵（时间到）受到了蒙蔽。对方同学……

主　　席　谢谢……

正方三辩　不是为了钱吗？（掌声）

主　　席　谢谢。对不起，时间到。

反方一辩　那请对方辩友向我们解释一个事实的例子，美国校园枪击案，到底跟钱有什么关系呢？

反方二辩　今天破坏公物也不是为了钱嘛，可是破坏公物到底是不是恶呢？

反方三辩　从波黑战争到以色列的种族屠杀，这种种族屠杀难道跟钱有关吗？那么给了他钱以后，这种屠杀难道就不会存在了吗？

反方四辩　对方辩友也说“万恶淫为首”。那性侵犯和钱有什么关系？请您论证。

反方一辩　如果钱是万恶之源，那创造（时间到）钱的恶……

主　　席　谢谢。

反方一辩　是谁呢？（掌声）

主　　席　现在呢，是双方的第四位代表做总结性的陈述，这可是一项举足轻重的任务。我们首先请反方代表，反方的四辩胡渐彪同学发言，时间是四分钟，请。

反方四辩　谢谢。其实刚才一连串的争议都起源于对方一辩在开展命题的时候所犯下的几个关键错误。一开始他们弄下了两个前提，用这两个前提开展他们的立论。第一，他告诉我们，今天所谓的“万”不指全部。但是对方辩友这一种用《辞海》断章取义，只看一个“万”字，不看“万恶之源”这四个字，是不是有点离题之嫌呢？对方辩友的第二个假定是告诉我们，今天人本身是没有恶性的。这个恶是从哪里来的呢？是外在诱惑勾出来的。然后他们就告诉我们说，钱以后怎么重要，怎么诱惑我做恶事。我想请问各位，真的是人没有恶的本性吗？请大家抚着自己的良心，人类本身的贪婪，人类本身的那种兽性是从哪里来的呢？如果钱是万恶之源，那钱还没有发明之前，这种兽性跟贪婪性为什么就突然间不叫做恶了呢？根据这两个前提，他们提出三个论点。第一个，他告诉我们钱本身现在能够等价交换，所以钱是万恶之源。那我想请问各位，为什么钱能够有等价交换这种高尚的能力呢？是因为经济发展。按对方辩友的逻辑，是不是要告诉我们，经济发展其实才是真正的万恶之源呢？第二个论点，他告诉我们，今天钱能够成为一个人的精神价值。但是这真的是一个必然判断吗？今天一个丈夫殴打他的老婆，本身可能是因为工作上不满意，可能因为情绪的宣泄，这和钱有什么关系呢？第三，他告诉我们，今天钱本身是一个目的，是一个工具，因此是源。对方辩友有点阐述错误了，目的和工具不等于一个推导的导因。我们说目的和原因有什么差别呢？一者是说从哪里来，一者是说到哪里去。如果两者是等同在一起的话，那么目的和原因有什么差别？

对方辩友又告诉我们，今天钱本身是一个很重要的手段。是手段就说明它是一个中性体，如果是中性体的话，我想请问各位，怎么还会突然间变成了万恶之源呢？对方提出了大量的例子，告诉我们说有很多人贪钱。姑且不论贪钱不贪钱的问题，我们只要看一看，这个贪钱本身只是众恶之中的一小部分，如何构成万恶？再者，如果我们说他里面的例子是贪钱的话，那么我请问各位，是钱是恶之源还是贪是恶之源呢？对方辩友这种只看一半，不看另一半的做法能够让我们大家信服吗？

而今天我们认为钱不是万恶之源，不是我们想为钱多说好话，而是想给钱一个确切的定位。我们看得到，有人的确为了钱去做恶事，但有人为了钱也去做善事啊！今天我为了钱奉公守法赚钱，但是与此同时帮助国家发展，是善是恶呢？如果这个万恶之源一时会推出善，一时又会推出恶，那它怎么还会是万恶之源呢？如果对方辩友告诉我们，这个钱能够推导出万恶之源，又能够推导出万善之源，那就是告诉我们，它有时是万恶之源，有时突然间又不是万恶之源。那您是不是一半论证自己立场，一半论证我方立场了呢？（掌声）

我们姑且把那善的一半掩起来不看，我们效法对方辩友，只看恶的那一部分好不好？就算在恶的那一个部分，人类学家告诉我们，在社会上出现的恶，基本上可以包含在四个层面：第一个就是本身所说的极端（时间警示）的信念带来的恶；第二个就是非理性价值的违反；第三个就是非分之情欲。像邪教啊，恐怖分子啊，这些恶和钱有什么关系呢？还是对方四辩想告诉我们，由于这些恶都没有钱涉及在内，所以它们就突然间不是恶了呢？就算我们今天把这三个部分没有和钱有关系的恶都撇开不谈，我们只看有涉及钱的恶好不好呢？有涉及钱又怎么样？代表钱是万恶之源吗？诚如刚才所说的贪钱，钱是恶，还是贪是恶？对方辩友把“一”当作“万”的推论方式能够论证万恶之源吗？在数学上，把“一”当作“万”，本身就是一个推断错误；在逻辑上，以一当万，以偏概全，就不能够成为一个有效的推论；在内容上，盖着一大部分，只看一小部分，就是以偏概全的诡辩，只看恶的那一部分，有关系到恶就当作恶（时间到）

的源是钱，是第二……

主　席　谢谢……

反方四辩　重诡辩哪！

主　席　谢谢……

反方四辩　谢谢。（掌声）

主　席　再来请正方四辩周玄毅同学做总结陈述，时间是四分钟，请。

正方四辩　谢谢主席。大家好。的确呀，辩论是对于语言和文字的玩味。今天呢，我们也很欣赏对方四位同学玩味的能力。然而请问大家了，玩味的前提究竟是什么？是对于基本的概念有一个规范，有一个标准。今天这样一本最权威的《汉语大辞典》中告诉大家，“万”字一共有九种意思，五种是名词，一种是数词，还有三种分别代表极大的、极度的、极多的。因此今天我方只需要证明，钱产生了这个世界上种类繁复、数量极多的罪恶，我方的观点就可以得到证明。而对方同学今天告诉大家，我方要证明钱产生了世界上一切的、微小的、琐碎的、细微的罪恶。这是不是有一点“纸糊的月亮当太阳——偷天换日”的嫌疑呢？（掌声）而且我还要提醒大家，《辞海》是一本辞书，而“万恶之源”是一个短语。一个短语居然能在《辞海》里面出现，这是不是有些奇怪呢？

总结对方同学今天的观点，其实无非是说恶源于人的内心，源于人的本性。可是请大家想一想，什么才是人的本性呢？孟子说：“人性之善也，犹水之就下也。”我们人都有是非、恻隐、恭敬、羞辱之四端，这才是本心，这才是本性。当心中有了恶念，就像是清澈的湖水里泛起了污秽。这污秽之源到底是湖水本身呢，还是外部的杂质呢？外在诱惑就是我们人心中的杂质，而金钱作为一般等价物，则是这种种外部诱惑的抽象化身，所以我们才说钱是万恶之源。

的确，是人类创造了钱，然而金钱的魔力却又使人们拜倒在它的脚下。当我们善良的本心被金钱所异化时，对方同学却把这被异化的本心当作了罪恶之源，这是不是有些欲加之罪呢？的确，金钱是人类的创造物，然而当我们发现这一个创造物能够购买到世界上一切的物质财富，染及人类最纯洁的灵魂时，它还仅仅只是一个创造物、一个工具那么简单吗？当我们发现金钱反过来异化人的本性，奴役人的自由时，对方同学还能够否认钱是万恶之源吗？事实胜于雄辩。今天，我们一起在历史中回顾金钱如何腐蚀了强大的罗马帝国和中世纪的天主教会，这个时候对方同学告诉大家，钱不是万恶之源；我们一起在现实中看到了，走私、贩毒、战争、有组织犯罪等都是因为金钱而生，对方同学仍然告诉大家，钱不是万恶之源；我们一起看到了，人类几千年的文明史都在对于金钱的追求之中充满着血腥、暴力、仇恨与背叛，对方同学仍然告诉大家，钱不是万恶之源。

此刻，就在对方辩友侃侃而谈为金钱进行辩护的同时，我们不知道在金钱魔杖的运转之下，又有多少奸商一夜暴富，有多少暴徒铤而走险。我们不知道，有多少人正在用闪闪发光的黄金去引诱那些原本纯朴、善良的灵魂，又有多少灵魂在金钱的引诱之下一步一步走向堕落的深渊。面对着这一切的一切，我们不能不觉察到金钱（时间警示）光辉背后罪恶的阴影，我们不能不聆听到金钱喧嚣声中良知的呻吟。

是的，钱是万恶之源。然而，万恶之源本身并不是恶。只要我们发扬自身的理性和良知，在历史的天平上，钱仍然有自己应该有的位置，在这个恶之源，同样可以开放出美丽的善之花。

的确，总有一种力量能让我们迷失本性，那是金钱无所不能的魔力。然而，同时也有一种力量让我们返回本心，那是我们心中永恒不灭的人性之光。谢谢。（掌声）

【鉴赏提要】

辩论赛是一种极富理性的高水平的智力游戏，集道德涵养、文化积累、知识结构、逻辑思辨、心理素质、语言艺术、整体默契、仪表仪态为一体，是高水平的、综合素质的较量，极富魅力。双方辩手言辞恳切感人，均表现出了志在必夺、不畏强手的意志。整场辩论一气呵成、精彩绝伦。

【范例二】

辩题：（正方）愚公应该移山

（反方）愚公应该搬家

正方：韩国外国语大学

反方：南京大学

（掌声）

主　　席：各位观众，欢迎收看“国际大专辩论会”。今天将要进行的是初赛第三场。

古人云：“一人之辩，重于九鼎之宝；三寸之舌，强于百万雄师。”所以有人就会说，这些辩手生就三寸不烂之舌，无论什么话到了他们嘴里，都会变得振振有词。然而我要说的是，没有充实的思想和文化作为内涵，“雄辩”也会沦为“诡辩”。莎士比亚说过：“充实的思想并不在于言语的华丽，只有乞丐才会斤斤计较他的家私。”所以我们的辩手们在注意修辞的同时，更要注重的是思辨的严谨和逻辑的缜密，这在整个辩论中都表现得相当突出，也为辩论赛树立了纯正和良好的风气。

好，现在我首先来介绍一下今天参赛的两支队伍。坐在我右手边的是正方——韩国外国语大学队。这是一支由 4 位非华裔辩手组成的队伍。其中，一辩延东淑，通译大学院中文系一年级；二辩李静延，中国语科三年级；三辩金成南，通译大学院中文系二年级；四辩张俊宁，中文研究所研究生。（掌声）坐在我左手边的是反方南京大学队的“四朵金花”。我来介绍一下：一辩郧健敏，法律系四年级；二辩钟婳婳，社会学系三年级；三辩韩璐，经济系二年级；四辩杨蔚，中文系一年级研究生。（掌声）

与我们的辩手相对而坐的是今天评判团的 5 位成员。他们是：上海戏剧学院余秋雨教授；（掌声）中国艺术研究院中国文化研究所所长刘梦溪研究员；（掌声）中国政法大学法律系江平教授；（掌声）北京大学中文系严家炎教授；（掌声）同济大学校长吴启迪教授。（掌声）

好，各位观众，我们今天的辩题来自一个古老的寓言，这个寓言大家都非常熟悉，就是《愚公移山》。那么随着时代的发展，当我们今天重新审视这个寓言的时候，肯定会赋予它新的内涵。今天我们就来看一看双方的辩论队伍在这“山重水复”之中又是如何“柳暗花明”的。作为正方的韩国外国语大学的辩论立场是：“愚公应该移山。”而作为反方的南京大学的辩论立场则是：“愚公应该搬家。”双方的立场是由抽签决定的。

现在我宣布辩论开始！首先请正方一辩发言，时间是三分钟。

正方一辩：革命先驱孙中山先生曾经说过：“吾心信其可行，虽移山填海之难，终有成功之日。”主席，评判员，在座的各位，大家好！众所周知，“愚公移山”比喻人只要有恒心、耐心，再困难的事也能达成，跟“有志竟成”“人定胜天”“磨杵成针”一样的意思。那么《愚公移山》里所说的“山”是比喻什么呢？那不就是比喻人生在世所遇到的重重挫折和难关吗？而“愚公”所代表的，不就是具有坚韧不拔的毅力，坚持到最后一分钟的人吗？我方主张愚公应该移山，也就是主张无论遇到何种困难或挫折，都应该坚定不移，再接再厉，开辟康庄大道，而不应该回避挑战，见异思迁。否则，成功的果实就永远无法尝到了。人活在世上，只有短短数十年，如果再不积极地奋斗，迎接各种挑战，那又怎能谈成功或丰盈的人生呢？愚公并非确有其人，他是历史寓言中的人物。但各种寓言形象都是中华民族在劳动、生产、思考、创造的过程中所积累起来的重大精神财富。这位愚公，年逾九旬，余生不长，却拿出勇气，动员家人天天挖山，终于感动上帝，如愿以偿。我们试看历史上的伟人，不论古今中外，他们之所以能够成就不朽的伟业，为后世造福，哪一个不是凭借着努力不懈、积极奋发的愚公精神而得来的呢？就发明大王爱迪生来说，他经过几千次的失败后才能享有发明大王的美名，而就在 80 岁的时候，他还在不断地研究橡胶跟直升机，一直到去世。这就是愚公精神的最佳模范了。80 岁的老人尚能如此，我们年轻人何尝不能这样做呢？青年朋友们，眼前的（现实）就够方便了，我们只有继承祖先，造福后代，才不会虚度此生，才可以俯仰无愧。为了达到这样的目的，我们应该怎么办呢？美国著名诗人朗费罗先生在《人生颂》里说：“在世界的广阔战场上，人生的临终，我们不要像被驱赶的沉默羊群，要做个战斗中的英雄。”的确，迈向目标的路途不可能是一帆风顺的，因为人生是一场永无止境的长途跋涉，翻山越岭。所以，我方坚信，愚公的选择是正确的，愚公应该移山！谢谢。（掌声）

主　　席：谢谢延东淑同学！现在我们请反方的一辩为反方开篇立论，时间也是三分钟。

反方一辩：谢谢主席！尊敬的评委，对方辩友，大家好！首先指出对方辩友今天的立论有两点偏误。其一，没有从原点原意出发。在《列子·汤问》中，愚公移山的前面讲的是淮南的橘到了淮北就成了枳，在它的后面讲的是夸父不自量力追逐日影的故事。三则寓言都是告诫人们不应违背自然的规律，不能莽撞瞎干。可见原点的作者并没有称赞愚公移山之意呀！其二，对方辩友刚才说，山就是困难，代表着种种难关和挫折，如果要真是这样的话，那么我们要请问了，在《愚公移山》的寓言中，山搬放到哪儿去了呢？搬到了朔东，搬到了雍南，这明摆着不是转嫁了困难吗？难道朔东、雍南的人民就不想交通方便了吗？（掌声）今天的辩题，事实上给了愚公两条路的选择，但体现更深层次的就是两种思维方式的取舍，一条路，愚公率子孙万代挖石运土、移山填海；另一条路是移民新风，举家搬迁，修建新家园。究竟何去何从，我们和对方辩友是志同而道不合。我们双方都有锲而不舍、迎难而上、克服困难的决心和意志，但对方辩友选择了“移山”，而我方则主张“搬家”。愚公面临的困难不是山，是交通不便；就为了自己的交通方便，把两座大山连根搬走，既不现实，也不科学。而“搬家”是一种新思维，体现了中华民族务实之中求应变，应变之中求进取的科学精神。下面，我将从实事求是的务实层面进一步阐述我方观点。第一，移山根本不切合实际。“太行、王屋二山，方七百里，高万仞。”我们估算一下，它的土石方量竟达 2 340 000 亿吨！愚公和他的子孙每年只能往返一趟，就算每趟能运 5 吨，要将山全部挖完，得干上 100 亿个 5000 年呢！可是科学家早就告诉我们，地球的寿命总共是 100 亿年左右，就是说，当人类把家搬到了太空里去了，愚公还在不停地挖山呢！第二，“搬家”是务实且量力而行的选择。搬家当然不是逃避困难，而是向困难挑战，充分讲求效率的做法。搬家之后，愚公和他的子孙都可以一展宏图，开创新生活新家园。一来，不再有来往之塞，交通之苦；二来，愚公可以发挥余热，传授发家致富的经验；三来，孩子们可以负笈求学，成家立业。这才是“莫道桑榆晚，彩霞正满天”哪！谢谢大家！

（哨声终了提示，掌声）

主　　席：谢谢邬健敏同学。现在我们请正方二辩进一步阐述正方的观点，时间三分钟。请。

正方二辩：大家好！冷酷无情的现实不足为惧，我们怕的就是没有坚强的意志去突破现实。荷兰虽然地处海平线之下，但建造堤坝让自然屈服于荷兰人民之前，那么按照对方同学的说法，荷兰人民经不起自然环境（考验），不是要离开这块土地吗？穷山恶水的西北地区一片沙漠，但当地人民依然在那边生活，那么是他们太愚蠢，不知道什么是享受吗？对方辩友将如何解释呢？我方主张愚公应该移山，基于下面几个理由。第一，故事里面的“山”是为了改善生活、发展社会、创造未来而不可回避的困难。现在很多医生苦心研究治疗艾滋病的方法，但还没有找到，那么要叫这些病人放弃对生命的希望吗？愚公怕移不倒山就放弃努力而搬家吗？第二，“山”不但象征不可回避的困难，还象征着可以克服的困难。很多例子证明皇天不负有心人。比如，到达月球的阿姆斯特隆，发明飞机的莱特兄弟，细菌之王巴斯特尔，都以不屈不挠的精神实现了自己的梦想。愚公也是每天慢慢地不断挖山，终于美梦成真了。第三，“移山精神”可造福后代。经过 3 年的酣战，我国山河惨遭破坏，满目疮痍，但，我们不到 30 年就实现了经济奇迹，使我国跻身“亚洲四小龙”。在 1988 年，（我国，此指韩国）成功举办了汉城（现首尔）奥运会，我们父母一辈扭转贫穷落后的面貌，造福后代，靠的也就是移山精神。第四，“移山精神”深深地植根于中国人民的内心。因为，据文献记载，自然灾害此起彼落、接连不断，但中国人民并没有逃避，他们是团结合作直接面对问题的。通过移山，愚公一家人能够培养出合作精神，这就提醒我们分工合作的重要性。第五，“搬家”不是解决问题的根本之道。当时，中国到处都是山，去哪里没有山呢？人生的旅途中处处都有困难，根本无法避免。如果人人离开山，而寻找方便之处，那么这座山由谁来开发呢？穷乡僻壤和繁华城市之间的贫富差距日趋悬殊，一定会出现更严重的问题吧？人人都知道什么是苦的，什么是甜的，都知道什么是值得做的，什么是不值得做的。人如果只懂得择甜而行、弃苦而逃的话，难免有避重就轻、一事无成之虞。因此我们更需要愚公移山精神！谢谢！（掌声）

主　　席：谢谢李静延同学！现在我们请反方二辩钟婳婳同学发言，时间也是三分钟。

反方二辩：谢谢主席！大家好！对方同学说愚公最后感动了上帝，而我们知道，上帝并不存在，因此应量力而行以搬家为上。对方同学爱谈精神，我们就来谈精神。中华民族的精神恰恰是，不仅务实，更在务实之中求应变。多谋，善断，机智，变通，向来是中华精神的精髓。上下五千年，多少颗智多星熠熠生辉，多少个智慧故事代代相传。从姜太公钓鱼到司马光砸缸，从曹冲称象到诸葛亮草船借箭，困难面前不仅要斗勇，更要斗智，机智应变的“搬家思维”正是体现了中国“圆而神的智慧”。第一，“搬家”是向旧观念的挑战，是去创造新的生活。寓言中的老愚公为什么没想到搬家，因为守土重迁的传统观念令他步履维艰。可能愚公的故土是王封的，他不敢离；可能是祖先创下的，他不想离；可能还有他的祖坟，他舍不得离。在他看来，打破头脑中的旧框框，搬家比搬山还困难。山不转了水要转，水不转了人要转。既然环境限制了生存自由，何不另辟一方新天地？既然大山遮蔽了视野，何不越过大山看世界？韩民族的祖先几千年前离开阿尔泰山脉，风尘仆仆地越过千山万水迁居朝鲜半岛，这一伟大的迁移不就是“搬家精神”的生动写照吗？（掌声）第二，“搬家”是一种具有活力的新思维。陷入了封闭、僵化、线性思维的人，遇山，只想着挖山，遇海，只想着填海。殊不知跳出一步天地宽！历史的进步就在于不断打破封闭和凝固，创造开放和流动。今天，我们这些愚公的后代正投身于改革的事业中，而市场经济的本质就是搬家，就是流动。只有不断地流动和搬家，才有资源的合理配置，才能做到“人尽其才，物尽其用，货畅其流”。搬出封闭的旧环境，搬进开放的新天地；搬出贫困与愚昧，搬进富裕与小康。综上所述，一边是“移山”，事倍而无功，一边是“搬家”，事半而功倍；一边是移山的辛苦和汗水，一边是先走一步的大智与大勇；一边是封闭山村的无奈，一边是外边世界的精彩。何去何从，相信在座的各位都会作出明智的选择！谢谢各位！（掌声）

主　　席：看来双方都是能言善辩的，在思辨上也有过人之处。现在我们来看看正方的三辩是如何进一步阐述正方观点的，时间三分钟。

正方三辩：各位好！今天反方辩友极力主张愚公搬家是务实的行为，而且说这是中华思想的精髓。但是，我方听来这好像是听天由命、逆来顺受的主张。7 月 27 日，中国民政部发布（消息）说，今年在中国因洪水和干旱等自然灾害所带来的死亡人数竟然达到 1500 人，而直接经济损失达到 657 亿元。那么按照反方的逻辑，这些受灾人民马上搬家，投奔他乡就好了嘛！愚公懂得，虽然这两座山是庞然大物，但可被移去，因为“人心齐，泰山移”“有志者，事竟成”“勤可补拙”“滴水穿石”“不怕事难成，只怕有人心”啊！我们翻开历史书，愚公移山这样的例子真的是不计其数。好，我来举一个例子吧！在 1840 年以后，神州大地上封建官僚、买办资本、帝国主义各地走狗横跨肆纵，真是病入膏肓，无可救药。在经过一百多年的血腥斗争之后，中国人民终于走上了独立自主的光明大道。难道愚公面前的这两座山，比一百多年前中国面前的封建主义、帝国主义这两座山更可怕吗？（掌声）我们纵观历史可以发现，人类的文明就是我们的祖先父辈摆脱自然界的束缚，开发自然为我所用，创造文明的过程，而《愚公移山》正是对这个过程非常形象的描写。应该知道，自己的路自己开，路是人走出来的，世界上到底哪有现成的康庄大道呢？我们在马到成功之前，必须披荆斩棘，努力一番吧！我们还知道，理想与现实往往不同，但是拉近理想与现实之间的距离，这才是愚公精神伟大的贡献吧！我们站在 21 世纪的门槛上环顾世界，每天都可以发现暴力屠杀、疾病饥饿的现状，真是让人目不忍睹，痛心不已啊！还有，在产业革命、世界大战、东西冷战、石油危机之后，人类还要面对接踵而来的新的挑战吧！因此，我们再次重申我方立场，人类的历史，当今的国际形势无不证明，我们需要更多的“愚公”，愚公应当移山！谢谢各位!（掌声）

主　席：谢谢金成南同学！现在我们请反方的三辩韩璐同学进一步发言，时间也是三分钟。

韩　璐：谢谢主席！大家好！对方辩友今天给我们说了一句中国话，叫做“苍天不负苦心人”。

可是中国还有一句话，叫做“天若有情天亦老”。中国人说，从来就没有什么神仙皇帝，也没有什么救世主，所以靠来靠去还是要靠自己呀！对方辩友又谈到了韩国30年的经济腾飞，那么我们要请问了，这30年韩国又移走了哪一座山呢？相反，我们知道，明智的韩国人从来就没有见山移山，所以雄伟的雪玉山，才能“青山依旧在，几度夕阳红”啊！（掌声）对方三辩又谈到了洪水，那么按照对方辩友誓死不搬的观点，洪水来了我们也不要搬往高地，坐着等死也能成英雄吗？中华民族几千年来的传统教会了我们在务实中求应变，在应变中求进取。正是本着进取的精神，我们认为愚公应当搬家。

首先，“搬家”是在苦干加巧干中求进取。对方辩友说我们要苦苦地挖山，可是结果呢？只能是荒了地里的庄稼，又误了子孙的青春。愚公他寄望于“子子孙孙无穷匮矣”，可是“一代复一代，代代何其多？子孙都移山，万世成蹉跎”。（掌声）既然熟悉的地方没有风景，为什么不搬家呢？搬到陌生的土地，唤醒沉睡的荒原，开辟希望的田野，没有苦干的精神，愚公怎能铁肩担起搬家的重任？！他日，科技发展了，再投资故乡，逢山开路，遇水架桥，没有巧智慧，子孙又怎能妙手再建家园？所以说，苦干可以强壮一个民族的体格，巧干更能升华一个民族的灵魂！其次，“搬家”是在和谐中求进取。人得天地之化育，万物之钟灵，应该与大自然和谐相处，以厚德载物。如果像对方辩友说的那样，因为“出路之迂”就破土挖，破坏了生态，吓坏了山神，岂不是让“千山鸟飞绝，万径人踪灭”吗？果真把山石投出渤海之尾水漫天津，祸及北京，那么今天我们还会相逢在美丽的北京以辩会友吗？（掌声）

综上所述，“搬家”是务实之路，应变之路，进取之路！（哨声终了提示）

谢谢大家！（掌声）

主　　席：谢谢韩璐同学！现在我们的辩论将进入更为刺激、更有挑战性的自由辩论阶段。各队的发言时间都是五分钟，必须交替发言。先从正方开始。请。

正方一辩：刚才对方辩友说，在韩国从来没有过移山的例子，好像对方辩友对韩国的了解不大够吧！在韩国移山填海的例子可不少。在韩国西海边，我们通过移山填海工程把大海改为了肥沃的农土田！（掌声）

反方三辩：那么贵国说“三千里锦绣河山”，是不是说贵国“三千里土地都是困难”呢？对方同学把山当作困难，我们知道困难是人的困难，山是一个物质实体。请问“惩北之塞，出路之迂也”如何解释？（掌声）

正方四辩：请指教，山是物体吗？不是。山代表着我们人类的伟大崇高的精神。

反方三辩：看来对方辩友今天还是没有明白困难到底是什么。我们说困难就是交通不便，而对方辩友要愚公和他的子孙世世代代背上移山的包袱。请问交通从何而来呢？

正方三辩：对方辩友的主张好像让我们感觉到客观条件非常重要，而且我们要重视这个现实性。但是孟子说过：“天时不如地利，地利不如人和。”这就是强调客观条件不管怎么重要，都不如人的主观意志重要。主张搬家不外乎舍本逐末，“金钟倒置也”！（掌声）

反方四辩：对方辩友刚才引用了一句孟子的话，但对方辩友知不知道《易经》中也有这么一句话，叫做“变通以趋实”。就是说要具体情况具体对待。我再请问一遍对方辩友，困难到底是什么呢？如果山是困难，那么“仁者爱山”，不就是说“仁者爱困难”吗？

正方三辩：生物学的基本常识就是，人体内有病毒侵入的时候，一旦克服可能形成抗体，就是抵抗能力，但是没有抗体的人可能会招致死亡啊！同样的，在困难面前常常搬来搬去，回避问题，其结果不言而喻，不堪设想了。（掌声）

反方一辩：难怪对方辩友看见那个山那么仇恨，原来对方辩友是把山当成了细菌。我们可不这样认为，如果山要是细菌的话，陶渊明怎么还会“悠然见南山”呢？应该是“愁眉向细菌”才对啦！（掌声）

正方二辩：不毛之地，险山峻岭，处处看到大石头，谁能保障搬到的地方没有自然的障碍物，没有生活困难呢？世界上哪有十全十美的“桃花源”呢？（掌声）

反方二辩：是啊！所以说愚公搬家不是逃避困难，因为他要在新的地方去建设家园。如果愚公搬家是逃避困难，那么“搬家公司”是不是“帮人逃跑公司”呢？（笑声、掌声）

正方一辩：如果在现实世界上一个人，比如说你家隔壁姓愚的老先生要搬家，我们就不管了。但是，愚公是寓言中的人物，他就是为了给我们启发而存在的，要不是这个目的，愚公就根本不会存在的。如果没有愚公，我们还能在这里谈什么愚公该怎么样，愚公该怎么样的辩论吗？（掌声）

反方三辩：如果愚公真的该移山的话，那么我们今天十几亿人还在那里挥锹移山呢！又哪能在这里坐而论道，谈“改革开放”呢？（掌声）

正方三辩：我们知道，有人会说：“如果你明明知道没有希望，何必白费徒劳呢？”但是，

与其不尝试而失败，不如尝试再失败，因为不战而败，等于运动场上的弃权啊！（掌声）

反方四辩：的确要尝试，但是要有正确的方法尝试呀！我们说愚公搬家之后，他不惜放弃自己祖上的产业，改变自己 90 年的生活模式去重建家园，这种崇高的自我牺牲精神有什么不应该呢？（掌声）

正方二辩：很多中国的历史文化都是靠愚公精神的。你们如果否认愚公移山的精神，就等于否认了你们灿烂光辉的文化和历史了。（掌声）

反方一辩：对方辩友，你们又说错了。我们一开始就说，我们和对方辩友是志同而道不合。我们也要锲而不舍地解决困难，但问题在于我们解决困难的方法不同啊！我要请问对方辩友，愚公搬家解决了困难，保护了资源，保护了人才，立足于发展，这又有什么不应该的呢？（掌声）

正方三辩：对方辩友好像认为，愚公应该怎么样是方法的问题。但是，"应该"是"方法"吗？这是价值观念的问题啦！（掌声）还有，中国古代历史就是游牧民族和农耕民族争夺生存空间的历史，那么按照反方的逻辑，匈奴侵略的时候，汉族搬到别的地方就好了，为什么辛辛苦苦建立万里长城来防御呢？（热烈掌声）

反方二辩：对方同学说得好。中华民族发源于黄河流域，如果不搬家的话，哪有我们今天的地大物博，东西南北中呢？我要请问对方同学，据中原神话记载，太行、王屋地区本来就是多雨多风，愚公要是挖山会引发泥石流，到那时，愚公是继续挖下去，还是搬家呢？（掌声）

正方三辩：搬家反正是回避问题，所以这不是正路，而且这又不符合主人翁精神，毛泽东曾经说过："中国是中国人民的。"（掌声）

反方三辩：搬家就是回避问题吗？我们知道，美国人一人一生平均要搬家 12 次，就是说，他们一生中要回避了 12 次问题吗？我倒想请教对方辩友，挖山挖来挖去，破坏了生态环境，到时候，愚公不搬家，山上的动物可得全搬家了！（掌声）

正方一辩：美国在开荒时代，美国人为了面对挑战而搬家，但如果愚公要搬家，他是为了回避问题而搬的，其属性完全不同，格格不入，请对方不要强词夺理了。（笑声、掌声）

反方四辩：愚公怎么是回避问题呢？愚公搬家就是为了更好地解决交通问题嘛！愚公还说"子孙无穷匮也"。果真如此吗？中国现在在搞计划生育，"只生一个好。"愚公会人手不足的！（掌声）

正方四辩：对方辩友有些含混不清，就是因为两方辩题是根本不能相提并论的。你们现在还不懂的是，愚公说"我死有子，子又生孙，孙又有子"，这是表示愚公精神里面的一种牺牲精神啊！对方同学不要忽视愚公的牺牲精神。

反方一辩：今天我们讨论愚公到底是应该移山，还是搬家，就应该从愚公移山这个原点出发。我们可以看到，愚公老人家希望自己的子子孙孙无穷匮也，可是子子孙孙都在那儿挖山，什么时候才能解决他的终身大事呢？终身大事不解决，子孙怎么会"无穷匮"呢？（掌声）

正方二辩：我们现在是站在中国人的立场进行辩论的。如果你们不站在中国的立场的话，让这个愚公精神离开中国移到韩国去吧！（掌声）

反方二辩：对啊！我们正是立足于中国。所以我们看到愚公搬家之后，他在新的地方建设家园，他放弃了自己90年的生活模式，这个困难可是大（的），这个勇气也是大的呀！对方同学见了山就要移山，那么山挡住路移山，河挡住路填海，那么人挡住了愚公的路怎么办呢？（掌声）

正方三辩：对方辩友好像主张搬家比移山容易，但是，山是看得见的障碍，而搬家的路途中应该是怎么样的呢？搬家的路途中可以暴雨连天、饥寒交迫，可能碰到土匪啊！（笑声、掌声）而且搬家以后也可能水土不服，语言不通，还有昏君的暴政啊！搬家以后，还会有山的可能性啊！（掌声）

反方一辩：对方辩友又搞错了。如果我们在搬家的路上遇见了土匪，我们肯定是拿起枪杆打土匪，但我们可不认为两座无辜的大山是土匪啊！（掌声）

正方三辩：对方辩友首先犯的错误的出发点就在于没有把这个寓言的意思搞清楚。德国哲学家卡西尔说过，寓言采取的是比喻的方式，而不是概念的方式。（掌声）

反方三辩：对方辩友要谈寓言，我们就谈寓言。寓言说那里只有两户人家，四个男孩，对方有没有想过他们的婚姻大事呢？要知道，所谓伊人可是在山那边呀。

正方一辩：按照对方的逻辑，大文豪海明威先生的《老人与海》里的老人也应该好好在家里养老就行了？（哨声终了提示，掌声）

主　　席：对不起，正方时间到。请反方继续发言。

反方四辩：对方同学是在谈精神，精神当然可嘉，但是不掌握方法行吗？对方同学说要发扬坚韧不拔的精神，那就要从汉城走着到北京来吗？那时候辩论赛早就结束了！（掌声）

反方三辩：我们想请问对方辩友，生在哪儿就一定守在哪儿吗？在哪儿就一定要埋在哪儿吗？要知道，“埋骨何须桑梓地，人间无处不青山”啊！（掌声）

反方一辩：对方辩友一味主张愚公应该移山，分明是好出门不如赖在家里的想法（哨声终了提示）……赖在家就算了，还要把家里的山给挖了，这是不是有点过分了。谢谢大家！（掌声）

主　　席：对不起，时间到。刚刚通过规范发言和自由辩。这两个阶段，我们的观众对双方的观点都有了一个比较完整的了解，但现在提纲挈领的任务却要落在两队的四辩身上，这次我们从反方开始，请反方四辩杨蔚同学首先发言，时间四分钟。

反方四辩：谢谢主席！尊敬的评委，各位嘉宾，大家好！搬家，还是移山？老愚公面临着抉择，我们也在这个十字路口沉思。但对方辩友的选择却令人遗憾，其误有三：第一，对方同学离开原点，把山当作了困难，而没有看到对愚公而言，真正的困难只是交通不便。第二，对方同学空谈精神不讲方法，说什么只要有恒心，有信心，事情就一定能办成，但是精神虽然可嘉，没有正确的方法也只能是劳而无功啊！第三，即使是谈精神，对方也犯了以偏概全的错误，把愚公移山的吃苦耐劳精神当作了中华精神的全部内涵。道理越辩越明。我们相信，如果北山愚公听了今天这场辩论，他一定会放下锄头停止挖山，收拾行囊立马搬家。下面我进一步总结我方观点。

首先，有了“搬家”才有人类进步。从树上搬下来，猿变成了人，直立行走。从洞穴里搬出来，人开始刀耕火种。从封闭落后的小山村搬出来，我们又开始告别小农经济走向工业文明。“搬家”是进步的阶梯，所以说愚公应该搬家。其次，“搬家”意味着打破封闭僵化的思维模式，提倡讲功绩重效益的经济伦理，也意味着人员、物资、信息的合理流动，而这些正是发展市场经济，建设现代文明的坚实基础，所以说愚公应该搬家。第三，“愚公搬家”体现了中国道法自然、天人合一的文化精髓。移山式的行为反映的是“人是万物主宰”的陈旧观念。（这）已给人类带来了巨大灾难。1988 年，美国《时代周刊》评选出的全球头号新闻人物，竟是我们伤痕累累的地球。两相比较，高下立分，所以说愚公应该搬家。第四，“愚公搬家”体现了创新意识。破除守土重迁的传统观念，以坦荡的胸襟面对世界。“愚公搬家”也体现了仁爱的情怀。愚公自己虽然费了点事，却留住了山上的青青翠竹、郁郁黄花，也留住了小兔子、小松鼠们的动物之家。“愚公搬家”更体现了积极进取的热情，向自我挑战的勇气。90 岁的愚公要去另一片天空下重建家园，真是“敢为天下先”“善为天下先”，所以说愚公应该搬家。

综上所述，“愚公搬家”集中了中华民族务实之中求应变，应变之中求进取的科学精神。君不见，殷朝盘庚迁都，冲破阻碍，力挽狂澜，领一代风骚；君不见，汉唐民族融合，海纳百川，兼收并蓄，成泱泱大国；君不见，近代中华儿女，转战南北，四海为家，创万世伟业。看今朝，神州大地上开放和交流，这是时代的旋律。时代更需要“搬家思维”。有道是：“穷则变，变则通，通则久。”我们只有务实，应变，进取，才能破旧立新，再造辉煌！谢谢！（掌声）

主　　席：好，各位观众，我们最后来听一下正方四辩的陈述，时间也是四分钟。请。

正方四辩：主席，评判员，各位中国朋友，大家好！刚才对方同学说得很多。一个严肃的辩论会应该有严肃的辩题概念。对方所说的“科学”“新生活”，还有“新思维”，就是你们所主张的“搬家精神”吗？辩论进行到这里我才发现，对方辩友一些主张、反驳为什么总是含糊不清，就是因为移山、搬家这两方辩题是根本不能相提并论的。“移山”应该是从长远看的崇高精神，“搬家”是一种具体工作的小方法。这样看来，对方辩友一些主张、反驳都属于我方辩题范围之内。大家都知道《愚公移山》的“山”是所有困难的象征。对方辩友一直主张，一遇到克服不了的困难不应该移山，应尽快搬到别的地方去就好。那么我现在请问，对方辩友怎能事先判断这是克服不了的事情，那是克服得了的事情呢？这种无条件的搬家还值得讨论吗？对方辩友请注意，问题不在于移山本身，而在于要短期见效的毛病。好，我方要做个总结。

第一，恒心与毅力。我虽是一个韩国学生，但可从中国各地方、各时代窥见中国人心目中所存在的移山精神。譬如，大禹治水时，年年奔忙不休，唐朝鬼派诗人贾岛精心写作，世界闻名的万里长城其修筑过程，都明明白白告诉我们，愚公精神如何融解在这个伟大的历史传统上。如果中国人民遇到任何困难就失去信心，经常搬来搬去，没有不屈不挠、坚忍不拔的精神的话，还能成为今天这么大的统一国家吗？第二，主人翁精神。我们看中国的患难历史，炎黄子孙有多少次尝受到挫折的苦味，历史上受过多少折磨呢？但中国人民都经得起种种考验，才有了今天。中国人民的这种力量从何而来呢？这就是主人翁精神，中华思想的精髓。相反，要是人总是要搬家，逃避现实，其结果，根本没机会扮演主人翁的角色，永远是客人。（掌声）最后还有值得一提的是牺牲精神。愚公90岁已到人生黄昏了，但他坚持奋斗精神。下定决心干这份移山的工作，这正如美国西部时代的开荒精神啊！中国诗人芒克也说：“要是在一个荒芜的地方安顿我的生活，那时，我将欢迎所有庄稼来到我的田野啊！”如此宝贵的舍己为人、造福后代的牺牲精神，真是难能可贵。

我方已经充分说明了愚公为何应该移山。愚公精神不但代表着中国人奋不顾身的伟大传统，而且象征着我们人类坚韧不拔的崇高精神。（哨声终了提示）青年朋友们，时代正在考验我们，我们应该坚持愚公移山的精神啊！……

主　　席：对不起，时间到了。

正方四辩：再创造光明灿烂的新时代！（掌声）

主　　席：感谢我们双方的八位辩手。今天这场辩论可以说是非常精彩。那么看来，“移山”有移山的根据，“搬家”也有搬家的道理。愚公如果今天在场的话，恐怕也要两难了。那么到底是移是搬？到底谁胜谁负呢？我们还要请我们的评判团伤一伤脑筋。

现在请评判团退席。观众朋友，我们稍后见。（掌声）

【鉴赏提要】

愚公移山本身有两个层面的意义：一个是词语本身的含义；另一层是隐喻，引申的含义，那就是敢于对付“山“样的困难，体现了中华民族可歌可泣的奋斗精神，在这个意义上，“愚”就不再是“愚”了，而成为可敬的。正方的策略就是在引申、隐喻的层面上避实就虚，极力地发挥后一个层面隐喻的意义，并且由此出发向对方辩友发动攻击。有些意见讲得很精彩。比方说，这是一个根本价值观念问题，不是单纯的方法问题。而反方的策略则是竭力要把对方从隐喻意义上引开，让对方落入陷阱，同时避免自己陷于被动。正方第三辩手灵活机智而且分析水平很高，资料的掌握也相当丰富。反方的四位辩手实力比较平均，相当出色，尤其是第四辩手、第二辩手。第四辩手的总结，大家听了会觉得很有说服力。第二辩手机敏、准确。反方这一队的整体实力与正方比较起来是更强的，她们反应机敏，表情丰富。

参考文献

[1] 欧阳谋. 口才学大全[M]. 北京：中国城市出版社，1998.

[2] 刘跃辰. 身体密语[M]. 武汉：华中科技大学出版社，2012.

[3] 王峰. 赢在口才[M]. 北京：中国华侨出版社，2011.

[4] 汪慧慧. 顶牛成大事者这样说话[M]. 北京：中国华侨出版社，2008.

[5] 鲁苓. 语言 言语 交往[M]. 北京：社会科学文献出版社，2004.

[6] 李元授. 演讲训练[M]. 武汉：武汉大学出版社，2003.

[7] 刘树芝. 演讲入门[M]. 北京：世界图书出版社，1992.

[8] 金波. 职业经理演讲能力训练[M]. 北京：高等教育出版社，2004.

[9] 胡大奎，金绵英. 社交口语学练指导[M]. 北京：高等教育出版社，1994.

[10] 吴弘毅. 实用播音教程[M]. 北京：中国传媒大学出版社，2002.

[11] 张颂. 中国播音学[M]. 北京：中国传媒大学出版社，2009.

[12] 曾致. 播音主持专业高考辅导教程[M]. 上海：上海音乐学院出版社，2009.